Papel certificado por el Forest Stewardship Council®

Primera edición: enero de 2025
Primera reimpresión: enero de 2025

© 2025, Alicia González
© 2025, Penguin Random House Grupo Editorial, S. A. U.
Travessera de Gràcia, 47-49. 08021 Barcelona

Printed in Spain – Impreso en España

ISBN: 978-84-10050-02-0
Depósito legal: B-19.172-2024

Compuesto en Grafime, S. L.
Impreso en Huertas Industrias Gráficas, S. A.
Fuenlabrada (Madrid)

GT 50020

ALICIA GONZÁLEZ

PAREJAS MEJORES

Montena

A Grau, el amor de mi vida.
Y a nuestras hijas, que nos enseñan cada día
lo que significa amar de verdad

ÍNDICE

ÍNDICE

9

ÍNDICE

INTRODUCCIÓN

«Hija, no corras, que la vida es muy larga», solía repetirme mi madre durante la adolescencia cada vez que le contaba emocionada que me gustaba un chico o que comenzaba una nueva relación. Yo anhelaba encontrar al amor de mi vida con tan solo dieciséis años. «No corras», me decía. Porque a sus ojos, yo era una niña llena de energía, ilusiones, esperanza y pasión, pero que sabía poco de lo que, en realidad, se convertía una relación de amor maduro con el paso del tiempo.

Pero yo no corría, trotaba; trotaba con entusiasmo, visualizando viajes de aventura, domingos de peli y manta, noches apasionadas, miradas cómplices, bailes bajo la lluvia y ese amor profundo que soñaba compartir con mi futura pareja.

«Que la vida es muy larga», repetía mi madre con un deje de melancolía, la historia de su vida en pareja había tenido grises oscuros, baches profundos y dolorosas decepciones. También había tenido alegría, dulzura, amor, risas y admiración. Sin embargo, me miraba con una mezcla de compasión y tristeza, como si esas heridas le hubieran robado parte de la inocencia que veía en mí y que tanto añoraba. Me miraba con todo su ser, pero mis ojos de dieciséis años no entendían esa expresión y tampoco querían hacerlo. Solo querían soñar, volar, construir y compartir. Y así lo hice.

La primera vez que me enamoré, terminé en una relación tóxica, una historia que podría llenar otro libro. La segunda vez, en cambio, me cambió la vida, y aún lo sigue haciendo. Mi marido y yo llevamos once años juntos y, hoy en día, no queda ni una sola pareja de las que nos acompañaban en los inicios. Ni una. Somos los únicos supervivientes de los maremotos que trae consigo la vida en pareja. Unos náufragos felices y agradecidos que han visto que, después de dos o tres años, muchos amigos tomaban caminos separados y abandonaban la isla.

Es ahora, después de todo este tiempo, cuando empiezo a entender lo que me decían los ojos de mi madre. Tenía razón, la vida es muy larga, y las relaciones no siempre son fáciles. Requieren mucho, pero también dan mucho. Y puedo decir con certeza que, aparte de la relación con mi hija, nada en este mundo me ha enseñado tanto como mi relación de pareja.

Durante las últimas décadas, hemos sido testigos de un cambio profundo en la manera en que entendemos y vivimos las relaciones de pareja. Muchos de estos cambios han sido positivos: nuestras relaciones son más conscientes, más sanas. Estamos dejando atrás los mitos del amor romántico que tanto han distorsionado nuestras expectativas sobre lo que significa amar de verdad. También hemos superado esa época en que el compromiso y la presión social dictaban la continuidad de una relación, sin que el amor y el bienestar tuvieran lugar en la ecuación.

Hoy, sin embargo, parece que hemos pasado al extremo opuesto. Nos hemos adentrado en un terreno donde el individualismo excesivo y el miedo al sufrimiento emocional nos mantienen en la superficie de las relaciones, evitamos profundizar y mostramos solo nuestras mejores caras. Esta búsqueda de la autosuficiencia a menudo nos lleva a desconfiar y a protegernos tanto que nos negamos a experimentar la vulnerabilidad necesaria para conectar con otra persona. No hemos aprendido a discutir, a tolerar un grado de decepción, a sostener el cambio en el otro. No nos sentimos cómodos en la incomodidad de la vida real en pareja porque apenas nos damos tiempo. Las relaciones no perduran, en parte, porque tenemos tan al alcance la puerta de salida que en cada discusión la miramos como una posibilidad real, factible y positiva. Así, el amor se convierte en un ciclo de relaciones efímeras que carecen de profundidad y significado.

Nos hemos olvidado de que el ser humano, un ser social por naturaleza, necesita compartir su vida con alguien. Nuestro cuerpo, nuestra piel, están diseñados para abrazar el vínculo. Sentimos placer al darnos la mano, al notar un roce, al disfrutar del calor y la mirada del otro. Todo nuestro sistema está creado para construir y nutrir relaciones que perduren. Sin embargo, en nuestra carrera por evitar el dolor, hemos menospreciado el poder transformador del amor verdadero, que puede ser un refugio seguro.

Pero no todo está perdido. Las relaciones que perduran, cuando son verdaderas y saludables, son una fuente de aprendizaje profundo, de crecimiento y de estabilidad emocional. A través de este libro, quiero mostrarte que trabajar en una relación no es sinónimo de sacrificio ni de esfuerzos sobrehumanos. Se trata de aprender a navegar juntos por los altibajos, de encontrar el equilibrio entre el «yo» y el «nosotros», de reconocer cuándo vale la pena seguir luchando y cuándo es mejor soltar.

Nos adentraremos en todas aquellas situaciones y dificultades que tienen lugar cuando dos personas se comprometen, desde la elección de pareja hasta el amor maduro, pasando por temas como la comunicación,

Las relaciones que perduran, cuando son verdaderas y saludables, son una fuente de aprendizaje profundo, de crecimiento y de estabilidad emocional.

INTRODUCCIÓN

el sexo, la convivencia, la infidelidad y la familia política. Mi objetivo es ofrecerte herramientas prácticas que te ayuden a construir una relación que perdure, sin renunciar a ti mismo, pero también sin temer al compromiso.

Cuando pienso en una relación siempre me viene a la cabeza la imagen de una barca. Las hay de todo tipo: más o menos robustas, tipo zodiac o tipo buque, de las que se dejan llevar por el viento o de las que echan el ancla y de allí no se mueven. En este libro, te enseñaré que es posible construir en equipo una barca sólida, que logre sortear todos los maremotos y que, al mismo tiempo, te permita disfrutar de la brisa y del sol incluso después de la tempestad. Sin embargo, quiero que quede claro que no se trata de mantenerse a flote a toda costa.

Este libro va de que perdures en tu relación, pero va de realidad. No podemos cambiar a nadie, ni ese es el objetivo. Podemos poner de nuestra parte para ofrecer a nuestra relación cariño, respeto, sacrificio y límites, pero cojeará si la otra persona no se implica también. Yo te brindaré todo lo que sé, pero nada logrará que funcione si no hay trabajo en equipo.

Las relaciones son complicadas y requieren trabajo. Habrá momentos en los que tú lleves más peso y otros en los que será tu pareja quien te sostenga. Habrá días en que te sentirás más cerca que nunca y otros en los que te parecerá que hay una distancia insalvable. Pero este movimiento siempre debe estar entre unos límites infranqueables de respeto. No te enseñaré a soportar el maltrato ni a que duela menos, tampoco a quedarte allí donde no te quieren. Si este es tu caso, espero que este libro te ayude a ver que mereces una relación mejor, donde haya respeto y disfrute. Mi intención es que no te sientas solo en las turbulencias de una relación normal, construida por dos personas normales que quieren luchar por su felicidad y permanecer juntos.

En este libro no solo encontrarás mi propia voz, sino también las de los pacientes que he acompañado y de las personas extraordinariamente ordinarias que me rodean. He cambiado los nombres y algunos detalles, pero he mantenido la esencia de sus relatos y experiencias. Es muy probable que te encuentres con vivencias similares a las tuyas y que te veas reflejado en algunas de ellas, pues mi deseo es que esto te ayude a sentir que no estás recorriendo este camino en solitario.

Hablaremos sobre las expectativas, los baches, el manejo de la economía en el hogar, las responsabilidades, los cambios, el sexo, la monotonía, las infidelidades, los hijos, la reconexión... Recorreremos la mayoría de las situaciones que veo en terapia y trataré de acompañarte con herramientas, consejos y palabras de aliento.

Como ya te habrás dado cuenta, algunas veces me dirigiré a ti en femenino y algunas veces en masculino, porque me gustaría que todo el mundo se sintiera interpelado. Querido lector, querida lectora, ¡tu viaje acaba de empezar!

Cuando el amor desafía la superficialidad

Antes de entrar en materia, me gustaría contarte la historia de Marina y Álex. Es probable que aún tengas ciertas reticencias sobre si vale o no vale la pena apostar por relaciones duraderas y por conexiones profundas, así que con esta historia espero que tus dudas se despejen o, por lo menos, reflexiones acerca de la forma en la que a veces nos relacionamos.

Los caminos de Marina y Álex están a punto de cruzarse, aunque ellos aún no lo saben.

Marina es una mujer valiente, empoderada y aventurera, dedicada a su carrera y a disfrutar de la vida con sus amigas. A pesar de haber crecido en un hogar donde el amor parecía escaso, su abuela siempre le aconsejó disfrutar y no apresurarse a casarse. Aunque ha tenido relaciones esporádicas, le aterra el compromiso y lleva tiempo en conflicto con su deseo de encontrar a alguien especial.

Por su parte, Álex es un chico sociable, inteligente y sensible, pero tiene dificultades para expresar sus emociones. Creció bajo la estricta mirada de sus padres, quienes priorizaban el trabajo sobre el afecto. Su primer amor le traicionó, así que desconfía de las relaciones, aunque siempre ha podido salir con quien quisiera.

Un domingo, ambos se encuentran atrapados en la apatía, así que deciden abrir una aplicación de citas. Tras unos cuantos «next», ¡sorpresa!, hay «match». La conversación empieza de manera ligera, pero pronto se trasladan a WhatsApp y comienzan a interactuar más. Marina, decidida, propone una cita.

Se encuentran sin expectativas y, para su sorpresa, la química es innegable. La tarde vuela y, aunque desean estar juntos, no se lo demuestran. A medida que pasan las semanas, ambos parecen radiar felicidad, pero Marina comienza a sentirse incómoda. Le pregunta a Álex qué busca en la relación y él le responde: «Fluyamos y ya veremos».

Vivimos en lo que el sociólogo Bauman llama la «sociedad del amor líquido», donde se evitan las conexiones y el compromiso. Esta falta de profundidad puede generar frustración y una sensación de vacío. Marina lucha con sus propios miedos: teme quedarse sola, revivir el matrimonio infeliz de sus padres y sufrir en una relación. Por su parte, Álex se enfrenta a sus emociones reprimidas y a la desconfianza que le dejó su pasado.

En el mundo virtual, a menudo creamos imágenes de nosotros mismos que no reflejan la realidad. Marina y Álex, aunque están interesados el uno en el otro, se encuentran tras muros emocionales que dificultan la conexión genuina. Este fenómeno se conoce como «profecía autocumplida»: tememos tanto a la desconfianza que acabamos creándola. Las redes pueden ser un puente entre lo virtual y lo real, pero requieren aprender a manejar la incomodidad que surge al abrirse, poner límites o hablar de vulnerabilidades. Como dice Joan Garriga, la pareja es un baile que a veces resulta incómodo, pero es profundamente hermoso.

Cansada de relaciones fugaces, Marina decide ser honesta con Álex y expresarle sus miedos. Para su sorpresa, esa sinceridad provoca un cambio en él y ambos empiezan a sentirse más conectados.

Cuando se vuelven a encontrar, algo ha cambiado: el sentimiento es más cálido, como un hogar, un equipo. La intimidad que experimentan es más profunda de lo que jamás habían sentido.

Capítulo 1

La elección de pareja: ¿Por qué tropezamos siempre con la misma piedra?

Es probable que te sorprenda el título de este capítulo si eres de esas personas que piensan que la elección de vínculos es aleatoria, que se trata de algo que «nos pasa» por casualidad. Sin embargo, lo cierto es que detrás de nuestras elecciones hay mucho más que simples casualidades.

Una de mis pacientes, Marta, de unos veinte años, me dijo, hablando de su madre: «Creo que buscó en mi padre al suyo». Me contó que su madre era la pequeña de cuatro hermanos y que había sido una niña muy consentida. Después, añadió: «Cuando ves a mis padres en casa, cómo gestionan el dinero, las finanzas o las decisiones laborales, ella es una niña y mi padre la consiente y la protege. A veces, me siento yo la madre de mi casa». Tras esa reflexión, me formuló la siguiente pregunta: «¿Es verdad esto de que escogemos a nuestras parejas en función de nuestros padres? ¿Acabaré con alguien como el mío?».

Esta pregunta, tan interesante y tan compleja, es una de las que intentaré responder en este capítulo. Pero antes de hablar de las distintas teorías sobre cómo escogemos a nuestras parejas, quiero hacer una aclaración. La selección de pareja depende de muchos factores, que abarcan desde lo biológico hasta lo social y cultural. Aquí hablaré sobre todo de los mecanismos psicológicos, lo que no significa que ignore los demás. Por ejemplo, no podemos obviar que los mecanismos biológicos son sumamente significativos, sobre todo en el reino animal. Seguro que has visto en infinidad de documentales que los machos de la especie exhiben sus cualidades, ya sea mediante bailes llamativos, colores brillantes o combates, para atraer a las hembras y demostrarles que son aptos para la reproducción y capaces de proteger a su descendencia. Los mecanismos biológicos en los humanos también son significativos. Las feromonas, el olor corporal y la dilatación de las pupilas cuando encontramos a alguien atractivo influyen en la elección de pareja, aunque no siempre seamos conscientes de ello.

Pero vamos a centrarnos en mi campo de especialidad: la psicología. Existen dos tipos de mecanismos psicológicos que influyen a la hora de vincularse con una persona u otra:

1. Mecanismos conscientes. Son aquellos que puedes expresar verbalmente y que imaginas en tu pareja ideal, tales como ser comunicativo, tener confianza, complicidad, admiración, intereses en común y atracción física.

2. Mecanismos inconscientes. Son aquellos que no se notan, que operan «entre bambalinas» y que no necesariamente comprendemos a nivel consciente. Por ejemplo, en muchas ocasiones escogemos a personas que no tienen nada que ver con los ideales que sabemos que tenemos debido a mecanismos inconscientes que residen en un plano anterior.

Los mecanismos inconscientes

Refiriéndose a los mecanismos inconscientes, Sigmund Freud, padre del psicoanálisis, hablaba de dos tipos de elecciones, que no son excluyentes. Según él, uno escoge a su pareja:

- **Conforme al tipo de apoyo.** Nos sentimos atraídos por personas que comparten rasgos con quienes nos han cuidado. No significa que busquemos exactamente a nuestros progenitores, sino a una persona que tiene muchas características parecidas.
- **Conforme al tipo narcisista.** Nos atrae alguien por el hecho de que nosotros le atraemos. De manera inconsciente, que el otro se interese por ti genera interés.

Otto Kernberg fue un psicoanalista austriaco que desarrolló su investigación sobre la elección de pareja. Sin embargo, cabe tener en cuenta que en los años setenta el principal sujeto de estudio eran los hombres heterosexuales, por lo que sus investigaciones no se aplican al conjunto de la población y es probable que hayan quedado bastante anticuadas en algunos aspectos. Aun así, es interesante que elaborara sus teorías a partir de las de Freud y agrupara los mecanismos inconscientes en dos categorías:

1. Motivaciones preedípicas. Son más primitivas y básicas, las menos elaboradas. La elección de pareja puede tener una motivación:

- **Indiscriminada.** Se refiere a una atracción general hacia muchas personas. Aquí podríamos encontrar variantes de tipo narcisista, como el típico donjuán que desea conquistar cuantas más mujeres mejor y no es raro que se describa a sí mismo con un «me gustan todas».

• **Por voracidad.** Aquí la atracción se basa en la percepción de generosidad o disposición de la otra persona, donde el deseo de recibir afecto o atención influye en la elección: «Me atrae porque es una persona generosa, me lo dará todo». Esta motivación inconsciente es un poco más elaborada que la anterior, ya no se rige solo por un impulso más animal, si no por la necesidad.

• **Recuerdos de crianza:** Las experiencias de la infancia pueden llevar a buscar parejas que evocan características de cuidadores previos.

2. **Motivaciones edípicas.** Son más elaboradas, menos primitivas. La elección de pareja puede tener una motivación:

• **Basada en la fijación de la madre.** Buscamos parejas que poseen características similares a la madre, no necesariamente en un sentido literal, sino en términos de rasgos psicológicos.

• **Basada en el ideal de pureza:** Se relaciona con la atracción hacia la juventud y la virginidad, donde ciertos hombres pueden preferir mujeres más jóvenes, asociando juventud con pureza. También puede reflejarse a la inversa, con mujeres que buscan la figura paterna en un hombre mayor para reafirmar su pureza a través de él.

• **Basada en la exogamia:** Este concepto implica una atracción hacia características que son opuestas a las de los padres, reflejando una búsqueda de lo diferente y lo nuevo, como en las parejas interraciales.

Melanie Klein, figura clave del psicoanálisis, también habló de lo arraigadas que están nuestras experiencias pasadas con la imagen que tenemos de nuestros cuidadores. Aseguró que lo que el hombre desea es «recrear en sus relaciones amorosas su impresión infantil ante la persona amada». Es decir, que nuestras elecciones de pareja y dinámicas en las relaciones son un intento de revivir experiencias pasadas. Esto, aunque suene rocambolesco, lo podemos observar en cómo hablan muchas personas de sus parejas. Por ejemplo, decir «mi pareja me recuerda a mi madre» refleja esa idea.

Para ilustrar este tipo de dinámica, voy a contarte una anécdota personal. Mi padre venía de una familia extremadamente humilde, había nacido y crecido en una especie de cabaña con sus padres y hermanos, pero empezó a trabajar a una edad muy temprana y enseguida pudo irse de casa. Era un hombre autosuficiente y hecho a sí mismo. A los veinte años se casó con mi madre y, a la primera semana después de la boda, hizo algo de lo que ella aún se acuerda: le exigió que le lavase el pelo. Ella ahora se ríe cuando lo cuenta, pero recuerda que se horrorizó al escucharlo y, con el genio que la caracteriza, le dijo: «No te confundas, que yo no soy tu madre». Resulta que mi abuela paterna le solía lavar el pelo a mi padre, aunque ya fuera mayor y pudiera hacerlo solo, y él no fue consciente de esa petición ni de lo que realmente significaba hasta que mi madre le puso el límite.

Otro ejemplo de esta tendencia que tenemos de buscar a alguien similar a nuestros progenitores lo vi en una paciente. Lucía llegó a una sesión de terapia frustrada, avergonzada y confusa. Me contó que su padre siempre se había encargado de llevarle el coche a lavar; era su forma de cuidar y de demostrarle afecto a su hija. Al empezar a convivir con su pareja, ella supuso que era algo que él también haría. Se trataba de una acción que ella había normalizado como expresión de amor y atención y que, además, le gustaba. El problema vino cuando su pareja se negó a seguir esos pasos y le dijo que ni era su obligación ni él iba a ser como · su padre. Lucía lo había estado dando por sentado y tuvo que digerir la negativa de su pareja.

Los mecanismos inconscientes bailan en las sombras y, en la mayoría de las ocasiones, solo somos conscientes de ellos cuando salen a la luz a raíz de un conflicto. A menos que provoquen una inestabilidad repentina y «hagan ruido», no nos daremos cuenta de su existencia. Mi padre hubiera disfrutado con que mi madre le lavara el pelo si para ella no hubiera supuesto ningún conflicto. Lucía hubiera seguido normalizando que su pareja le lavase el coche si a él le hubiera parecido bien.

La compulsión de repetición

Existe otro mecanismo que considero importante reconocer: la compulsión a la repetición. Es un concepto freudiano que describe la tendencia, siempre inconsciente, de las personas a recrear o revivir experiencias pasadas, sobre todo si son traumáticas o insatisfactorias, en un intento de resolverlas o dominarlas. Seguro que conoces a alguien que tropieza siempre con la misma piedra y no se da cuenta. Por ejemplo, existen personas cuyas exparejas parecen cortadas por el mismo molde o que siempre se sienten atraídas por personas casadas o cuyas circunstancias son complicadas.

Jordi se casó con una mujer que tenía unos rasgos muy acentuados: morena, pelo rizado y voluminoso, estatura media-baja, caderas prominentes y una risa extravagante. Tras un divorcio muy tormentoso lleno de traiciones y faltas de respeto, encontró a su nueva pareja en una mujer que en apariencia era igual que su ex. Todo el mundo le recalcaba el parecido que guardaba con la anterior pareja y, al cabo de unos meses, ella decidió dejarlo. La ahora expareja de Jordi acudió a mi consulta diciéndome: «Creo que no la ha superado y busca en mí una reencarnación de su ex». ¿Era verdad o Jordi simplemente se sentía atraído por esa fisionomía? No formaba parte de mis competencias descubrirlo, ya que la respuesta

Los mecanismos inconscientes bailan en las sombras y, en la mayoría de las ocasiones, solo somos conscientes de ellos cuando salen a la luz a raíz de un conflicto.

solo la tenía él y mi trabajo consistía en acompañar a mi paciente. No obstante, este caso ilustra que nuestro mundo inconsciente a menudo pasa tan desapercibido para nosotros como resulta evidente para los que nos rodean.

Por suerte, la pulsión de repetición no nos condena. Ni es para siempre ni tenemos que vivir sometidos a ella, al contrario, podemos pararla. Pero para hacerlo, el primer paso, y el más importante, es detectarla y ser conscientes de nuestros patrones de repetición.

El apego y el relato que te cuentas

Seguramente te habrás dado cuenta de que en todas las teorías sobre por qué elegimos una pareja y no otra se da mucha importancia a los primeros vínculos que establecemos con nuestros padres y cuidadores. Esto se debe a que en la infancia empezamos a construir todas nuestras creencias sobre el amor y las relaciones. Esto ya se había investigado con anterioridad en el psicoanálisis, pero fue John Bowlby quien lo sistematizó y desarrolló, para luego acuñar el concepto de «teoría del apego», que supuso un punto de inflexión en la forma de entender cómo nos relacionamos.

Según Bowlby, existe un vínculo muy importante durante la infancia, que él llama «relación de apego», y es el que creamos con nuestros cuidadores o una «figura de apego». La relación con esta figura tiene que asegurar el cuidado y un desarrollo psicológico saludable, así como la autoestima, la socialización, etcétera. Aunque el apego surge con todos los vínculos importantes que creamos, el que se establece con las primeras referencias vitales es crucial, ya que sirve de modelo para las demás relaciones. Por lo tanto, en función de cómo nos hayan tratado de niños, esperaremos una u otra cosa de los demás y nos comportaremos de tal o cual manera en las relaciones.

LA ELECCIÓN DE PAREJA

Si has sido criado con amor, límites claros, incondicionalidad sin sobreprotección y respeto (lo que llamamos «apego seguro»), es más probable que detectes con rapidez aquellas personas que te ofrecen relaciones que activan malestares desconocidos para ti. En cambio, si has crecido en la inseguridad, la inestabilidad, la desconfianza, el malestar, la frialdad o incluso el maltrato (es decir, en un estilo de «apego inseguro») es más probable que busques a parejas que mantengan ese estado, ya que es el que tú conoces y habrás interiorizado que el conflicto es el centro del «bienestar» de las relaciones.

Puede sonar contradictorio esto de interiorizar que el bienestar es el conflicto, pero déjame que te introduzca una palabreja que quizá no conozcas: la «homeostasis». Se trata del conjunto de fenómenos de autorregulación que conducen al mantenimiento de la constancia en la composición y propiedades del medio interno de un organismo. Es decir, es el estado de equilibrio en el que algo funciona. En el campo de la psicología, sobre todo en la orientación sistémica, esta palabra se utiliza para describir la dinámica relacional que se da entre dos personas, sea buena, maravillosa, dañina o sumamente tóxica. Dicho de otra manera, respecto al apego, si yo estoy acostumbrada a mantener una dinámica relacional tóxica y esa es mi homeostasis, buscaré reproducirla de manera inconsciente, aunque me haga daño, puesto que para mí es familiar.

En resumen, podríamos decir que la elección de pareja es una decisión no siempre equilibrada entre la consciencia y la inconsciencia, pero cuidadosamente ponderada, aunque a menudo se base en información incompleta, parcial, incorrecta o distorsionada. Es decir, aunque trates de tomar decisiones racionales y reflexivas, lo haces con una «base de datos emocional» formada desde la infancia, la cual puede estar distorsionada o incompleta. De este modo, la elección de pareja está condicionada por la interpretación subjetiva de las experiencias pasadas. Lo único que puede

La elección de pareja es una decisión no siempre equilibrada entre la consciencia y la inconsciencia, pero cuidadosamente ponderada, aunque a menudo se base en información incompleta, parcial, incorrecta o distorsionada.

considerarse casual y circunstancial es el primer encuentro con esa persona. Una vez que comienza la evaluación de las cualidades que se ofrecen y se esperan del otro miembro de la futura pareja, todo será examinado y sopesado con precisión, aunque no siempre en el momento más óptimo ni desde la mirada más ajustada con nuestra propia realidad.

De todas formas, por suerte, el estilo de apego es un aprendizaje y no una condena. Lo que hemos aprendido se puede desaprender. Además, aunque es importante reconocer esas primeras influencias, existen muchos otros factores que acaban determinando la elección de pareja, como las circunstancias de la vida, la personalidad de ambos, los intereses compartidos, los anhelos en común, la respuesta a las necesidades emocionales de cada persona, etcétera.

ME ESCUCHO: ¿CÓMO HAN SIDO MIS RELACIONES?

Ahora que has leído sobre los mecanismos inconscientes a la hora de elegir pareja, te invito a que eches la vista atrás y respondas a estas preguntas:

- ¿Qué tipo de relaciones de pareja has construido durante tu vida?
- ¿Ha sido con el «mismo tipo» de persona en cada una de ellas?
- ¿Has tenido roles diferentes en tus relaciones de pareja dependiendo de con quién estuvieras?

A menudo tropezamos una y otra vez con la misma piedra, ¿recuerdas lo que te conté más arriba sobre la compulsión a la repetición? Ahora es el momento de que reflexiones sobre si es tu caso. Te recuerdo que se trata de algo inconsciente, así que no te juzgues, por favor. Si te acabas de dar cuenta o has afianzado la sospecha de que tiendes a relacionarte en pareja de la misma manera o con el mismo tipo de persona, te felicito. Dicen que el conocimiento es poder…. y yo añado, si decides hacer algo con él.

Si llevas años en una relación, tal vez te resulte una tontería o una pérdida de tiempo reflexionar sobre la elección de pareja. Sin embargo, no lo es. Independientemente del momento en el que te encuentres en tu relación, es importante que seas consciente de lo que te atrajo de esa persona. Por curioso que pueda parecer, lo que al principio más nos gusta acaba siendo tedioso tiempo después… Nos pasamos la vida escogiendo y una de las elecciones que haces diariamente cuando estás en pareja es decidir seguir o no seguir a su lado. Cada día que pasa, escoges. Por lo tanto, es importante que puedas echar la vista atrás para reconocer mecanismos conscientes e inconscientes.

ME ESCUCHO: ¿QUÉ ME ATRAJO DE MI PAREJA?

Responde a estas preguntas con total sinceridad:

- ¿En qué te fijaste por primera vez cuando lo o la conociste?
- ¿Podrías escribir vuestro inicio como quien escribe un cuento?

- ¿Qué es aquello que más te gustaba a medida que lo o la conocías?
- ¿Ha cambiado?
- ¿Cómo te sientes al pensar en vuestros inicios?

LO QUE HEMOS APRENDIDO

♥ La elección de pareja no es aleatoria, sino que está influenciada por factores conscientes e inconscientes.

♥ El apego, es decir, el vínculo que tuvimos con nuestros cuidadores cuando éramos pequeños, desempeña un papel fundamental en los mecanismos inconscientes de elección de pareja y en cómo nos vinculamos de adultos.

♥ La compulsión de repetición puede llevarte a repetir patrones de relaciones pasadas, incluso si fueron insatisfactorias.

♥ Reflexionar sobre tus relaciones pasadas y patrones te permite tomar decisiones más conscientes en el presente.

Capítulo 2

¿Qué quiero en una relación? Aquellas cosas que parecían no importar

Laura tenía veinte años cuando empezó con su actual pareja y padre de su hija. Fue un inicio muy complicado. Él tenía y tiene muchas inseguridades, celos e inestabilidad. No recuerdo el número de veces que lo dejaron, pero ella siempre le acababa suplicando que no la abandonara. Laura sentía una necesidad imperante de tener pareja y, a pesar de todo, decidía seguir con él, pero yo aprendí mucho de ella pues creo que todas en algún momento hemos sido Laura.

Tras muchas batallas, se fueron a vivir juntos. La relación no mejoró y todo se convertía en una lucha: hacer planes juntos, quedar con los amigos en pareja, planificar escapadas… Ella sentía que se pasaba el día convenciendo, esperando e insistiendo, sin que su pareja mostrara ningún tipo de ilusión ni de iniciativa. Además, Laura se encargaba de la casa, de preparar las comidas y del orden y la limpieza. Después de varios años, ella quiso tener un hijo. Enseguida se quedó embarazada y, cuando su hija llegó al mundo, me confesó: «Él no me ayuda en nada, llevo yo la carga completa de la casa y de la niña. Cuando le pido que me eche una mano, resopla». Me lo dijo sorprendida, como si fuera algo que nadie podría haber predicho.

¿Cómo puede ser que Laura no reconociera que su relación no había cambiado y que había sido así desde el inicio?, ¿que en escenarios distintos su pareja siempre había actuado de la misma forma? A veces, nuestra cabeza nos dibuja realidades distintas con tal de mantener nuestros vínculos, sobre todo para evitarnos un sufrimiento mayor.

Es tan importante saber escoger que he querido dedicarle un capítulo entero. Conocer cuáles son tus necesidades, independientemente de si tienes o no pareja, es básico para construir un vínculo sano y poner límites. Hay temas que, en el fulgor de los inicios, parecen no importar, pero que luego pueden ser los causantes de que una relación se derrumbe. Por eso, a pesar de los mecanismos inconscientes de los que te he hablado en el capítulo anterior, tenemos que usar nuestra capacidad de elegir de forma consciente. Una relación no depende solo del azar ni de los patrones: también depende de las necesidades que expreses.

¿Lo necesito o lo deseo?

¿Sabes qué es imprescindible para ti en una relación? ¿Lo sabías cuando la empezaste? Es posible que no, ya que no solemos realizar este ejercicio de reflexión cuando estamos solteros. A menudo, reconocemos un límite solo cuando alguien lo ha traspasado. Para ayudarte en este proceso, quiero que diferenciemos entre dos conceptos clave: necesidades y deseos. No pretendo desestimar ninguno de los dos, ya que ambos desempeñan un papel fundamental. El problema radica en el orden en que decidimos confiar en ellos.

El deseo es un fuego interno, una fuerza que parece incontrolable, como un tornado que nos impulsa a actuar para saciarlo. En ocasiones,

Una relación
no depende
solo del azar ni
de los patrones:
también depende
de las necesidades
que expreses.

incluso el malestar de posponerlo o negarlo puede ser tan intenso como el placer que sentimos al obtenerlo. En cambio, la necesidad nos ofrece una recompensa más duradera y profunda. Quizá no nos excite ni nos deslumbre, pero sí nos llena, nos recorre el alma y tiene el poder de sanar. Ignorar nuestras necesidades puede llevarnos a experimentar vacío, apatía y lo que comúnmente llamamos «crisis vitales».

Cuando pensamos en nuestra pareja ideal, si los primeros atributos que mencionamos son físicos —«alto», «con curvas», «con un buen mentón» o «rubia»— o valoramos el dinero o el éxito laboral, podríamos estar dejándonos llevar por ese torbellino que solo nos proporcionará placer a corto plazo. En cambio, la necesidad se encuentra en la base, en lo profundo, alineada con nuestros valores esenciales. Por ejemplo, tal vez desee una pareja exitosa porque necesito a alguien que tenga expectativas de vida similares a las mías y que, como equipo, participe en las finanzas del hogar.

¿Qué necesito? Ante todo, recuerda que es completamente normal y tienes el derecho absoluto de pedir tus necesidades básicas:

- Sentirme querida.
- Sentirme escuchado.
- Sentirme admirado y poder admirar.
- Sentirme respetada.
- Sentirme cuidada y protegida.

Lo maravilloso del ser humano es que no hay dos personas iguales; cada una formamos un mapa tan único como nuestras huellas dactilares: intransferible, insustituible y singular. A medida que navegamos por la vida, impulsados por nuestros miedos y anhelos, desarrollamos necesidades concretas que, además, cambiarán a lo largo de nuestra vida, tanto dentro como fuera de las relaciones de pareja. Esto es fundamental: debes escucharte siempre, porque algunas cosas que necesitabas al principio pueden ser completamente diferentes en algún momento de tu relación. La vida transcurre y nos transforma; ambas partes de la pareja cambiamos, y por eso escuchar y compartir son necesidades eternas para mantener relaciones exitosas.

ME ESCUCHO: ¿QUÉ NECESITO EN UNA RELACIÓN?

Coge papel y lápiz y haz el siguiente ejercicio:

1. Cierra los ojos e imagina que tienes la capacidad de salir de tu cuerpo y poder observarte desde fuera. Como si fuera una película, repasa las relaciones pasadas que has tenido y viaja a momentos de felicidad y también de decepción y tristeza.

2. Apunta qué cosas necesitaba esa versión pasada de ti y no obtuvo, así como qué cosas sí pudo disfrutar. Anótalo todo en dos columnas y, cuando hayas terminado, léelo sin juzgar. No añadas ni elimines nada, estás viendo la película de tu vida.

3. Ahora piensa en tu versión de ahora, la actual. ¿Qué crees que necesita? Tal vez algunas de sus necesidades son las mismas que tenía en relaciones pasadas o tal vez haya algunas completamente nuevas. Escríbelas en otra hoja de papel.

4. Este es un paso muy importante. Necesito que leas lo que has escrito y que reflexiones sobre qué necesidades de la lista te corresponde cubrir principalmente a ti. La tentación de querer cargar a nuestra pareja con el peso de todos nuestros deseos puede ser muy fuerte, pero tienes que entender que eres poderosa, autosuficiente y capaz de sostenerte. Por lo tanto, hay cosas que puedes hacer por ti misma o en las que puedes incluir otro tipo de amor (el de tus amigos, tus mascotas, tus aficiones o tu familia).

Repasa cada una de las necesidades de la lista y escribe al lado aquellas cosas que puedes hacer tú y que no dependan solo de tu pareja.

5. Una vez que tengas claras las necesidades que tienes hoy, vas a aprender a comunicarlas.

De nada sirve, aunque es imprescindible, que sientes a tu pareja y le leas esta lista con la mano en el corazón. Es posible que tengáis un momento bonito y vulnerable que termine con un abrazo o que tu pareja se sienta abrumada y conecte con un «no soy suficiente y lo que le estoy dando no le hace feliz», «no sé cómo se puede hacer todo esto, no llegaré a cumplir las expectativas» y la conversación te deje peor de cómo te encontrabas antes.

Por lo tanto, para terminar el ejercicio, vuelve a la lista y bájala a la tierra para ver de qué maneras te podrías sentir cubierto en cada una de las necesidades que tienes. Bajar a tierra significa ser lo más concreto posible, pensar en soluciones cuantificables, en situaciones concretas y no abstractas, en la frecuencia en que te gustaría que se repitiera un hábito. Por ejemplo, en lugar de decir: «Me gustaría que pasáramos más tiempo juntos que no fuera viendo la tele», podrías decir: «¿Qué te parece si nos reservamos una noche a la semana para ir al cine, al teatro o probar un restaurante nuevo?».

Las conversaciones del inicio

Una vez tengas claro cuáles son tus necesidades, te voy a nombrar algunas de las conversaciones que, después de mi tiempo en consulta y del aprendizaje de la vida, te recomiendo tener desde el inicio.

Los valores

La conversación sobre los valores no suele surgir de manera natural y tampoco quiero que le hagas un cuestionario a tu pareja. Sin embargo, hay pistas que pueden revelarte lo que de verdad le importa. Pregúntate:

• ¿De qué se queja de los demás? Esto puede reflejar lo que no le gusta en otros, que a menudo suele estar relacionado con lo que no le gusta de sí mismo.

• ¿Qué destaca de quienes admira? Te dará una idea de lo que valora o aspira a ser.

• ¿Cómo le definen sus amigos o familiares? Las etiquetas que le asignan pueden ofrecer claridad sobre su rol en la familia y en su vida.

• ¿Cómo reacciona ante las personas más necesitadas? ¿Y ante los animales? ¿Y ante las personas que ofrecen servicios (por ejemplo, camareros)? Presta atención a cómo trata a los demás, ya que esto revela mucho sobre su carácter.

La infidelidad

Recuerdo a Sandra y Joel, una pareja a la que acompañé. Sandra llegó a mi consulta con una expresión incrédula y tranquila, mientras que Joel parecía enfadado y triste. Él, deseando hablar, soltó: «Me ha sido infiel», a lo que ella respondió: «¡Pero no ha pasado nada!». Joel había descubierto a su pareja intercambiándose mensajes cariñosos con un compañero de trabajo. Para Sandra no era nada. Para Joel era un mundo.

Sé que hablar de infidelidad puede resultar incómodo, pero es crucial hacerlo antes de que surjan problemas. En el capítulo 10, profundizo en este tema. Pregúntate y pregúntale:

- ¿Dónde empieza la infidelidad?
- ¿Qué significa para ti?
- ¿Qué no consideras infidelidad?

La familia política

Quiero ser clara: no es necesario abandonar una relación por no llevarse bien con la familia política. Sin embargo, muchos de mis pacientes me han dicho: «Si hubiera conocido a mi suegra antes, no me caso». Aquí el problema no es solo la suegra, sino la dinámica que se establece con su hijo o hija.

Al conocer a tu pareja, tómate el tiempo para entender a su familia: sus tradiciones y su forma de vida. Pregúntate:

- ¿Qué rol tiene tu pareja en su familia?
- ¿Cuán importante es la familia para ella?
- ¿Es asertiva al poner límites?

- ¿Es independiente de su hogar?
- ¿Cómo te sientes en su entorno familiar?

Al inicio, puede parecerte irrelevante, pero con el tiempo, la familia desempeñará un papel importante. Si eres independiente y tu pareja es muy familiar, pueden surgir roces que impacten la relación. En el capítulo 8 abordo este tema.

La posición económica y el estatus social

¿En pleno siglo XXI hablando de estatus? ¡Sí! Tanto la teoría como la práctica clínica me confirman que aún hoy en día esto importa y puede causar estragos en nuestras vidas. Y más en un momento de cambios sociales tan grandes, en que la posición y las aspiraciones profesionales de hombres y mujeres son muy distintas a las de hace solo veinte o treinta años.

Cristina era una paciente que llegó a consulta con la autoestima muy baja. Me confesó que siempre se sentía atraída por hombres inteligentes, con estudios y posiciones destacadas en sus trabajos. Los admiraba, ya que eso era algo que ella deseaba para sí misma. Sin embargo, por sus circunstancias familiares, solo había podido terminar la secundaria y comenzó a trabajar desde joven. Esto la llevó a sentir que estaba en una posición de inferioridad respecto a ellos. Cada vez que intentaba tener conversaciones interesantes, se bloqueaba y, al llegar a casa, repasaba cada frase que había dicho, pues le aterrorizaba parecer inculta.

Cristina, de forma inconsciente, saboteaba cualquier posibilidad de establecer una relación sólida con esos hombres. No se veía a sí misma sosteniendo esa desigualdad en el estatus económico a largo plazo.

Es importante tener cuidado con a quién elegimos admirar y por qué. Quiero dejarte algo claro: no todo tiene que ser un reto constante. No es necesario que estemos en una lucha continua para superar obstáculos o salir de nuestra zona de confort. ¿Para qué vamos a someternos a relaciones que exigirán un esfuerzo desmesurado cuando podríamos reorientar un poco nuestras expectativas e ideales?

La política y la religión

Es posible tener una relación armoniosa con alguien cuyas creencias políticas o religiosas difieran de las tuyas, pero la honestidad es fundamental. Pregúntate:

- ¿Cómo afecta la política o la religión a tus deseos más profundos?

Las posiciones políticas pueden ser muy opuestas y sus reflexiones o decisiones pueden herir profundamente a la otra persona. Es fundamental tener esto en cuenta, ya que, si no se aborda, puede convertirse en un tema tabú o en una fuente de decepción. La clave es mantener una conversación respetuosa y abierta sobre el tema, sin juicios ni críticas despectivas. Si las opiniones y decisiones de tu pareja limitan las tuyas, podrías encontrarte en un conflicto serio. Te aconsejo que inicies esta conversación desde el principio y que observes cómo sientes tu cuerpo mientras escuchas a tu pareja expresar sus ideas políticas.

En cuanto a las creencias religiosas, hay muchas y algunas de ellas exigen un cambio de vida radical. Recuerdo el caso de una chica que pensaba que, aunque su pareja fuera atea, ella podría «convertirla» a su religión. Mi corazón se encogió, porque vivir esperando que alguien cambie es poco realista. Con respecto a las creencias energéticas o a aquellas religiones que no exigen tanto, la clave sigue siendo el respeto. Observa cómo reacciona tu pareja ante diferentes creencias y no dudes en expresar las tuyas. Muestra tus partes más íntimas y sagradas sin miedo. Si realizas rituales a menudo o valoras la espiritualidad en tu vida diaria, mereces ser respetado. No es necesario que tu pareja te acompañe en todo, pero es realmente maravilloso tener a alguien que respete tus prácticas y que te anime a seguir manteniéndolas porque ve el bienestar que te aportan.

La salud mental

La vida es muy larga y puede haber momentos muy duros en los que tú tengas que tirar de tu pareja o tu pareja de ti. Por eso es fundamental que consideres cuánta importancia le da tu pareja a la salud mental.

Históricamente, ha existido una brecha en cómo hombres y mujeres abordan este tema. A nosotras se nos ha permitido hablar de forma más abierta sobre nuestras emociones y experiencias con otras mujeres. En cambio, los hombres suelen tener más dificultades para expresar lo que sienten y muchas veces se apoyan en sus parejas, madres o hermanas para hacerlo.

Pero créeme: no quieres ser la psicóloga ni el psicólogo de tu pareja. Esa carga puede ser muy pesada y, en algún momento, tú también necesitarás apoyo. Si el rol se vuelve rígido, podrías sentirte sola y buscar ayuda en otros lugares cuando la necesites tú, lo que puede llevarte a sentirte infeliz en tu relación. No estoy sugiriendo que busques a una persona supertrabajada a nivel emocional, porque no abundan por ahora, pero sí que te lo pongas más fácil con alguien a quien no le asuste hablar de emociones y que no tengas que descifrar como un jeroglífico.

El deporte, la salud física y el estilo de vida

Mi amiga Marta vino a visitarme y, refiriéndose a su pareja, me dijo: «Es que no quiere hacer nada, es supercasero y yo soy un culo inquieto, así que la mayoría de los planes los hago sola con amigas o rodeada de parejas».

Al principio puede parecer una tontería que tu pareja y tú seáis diferentes en cuanto al estilo de vida, pero cuando los meses se convierten en años es posible que empieces a sentirte atrapada, forzada a salir o rechazada por tu manera de vivir.

Busca a personas que disfruten de la vida como tú lo haces. Si tu plan perfecto es pasar un viernes por la tarde en casa viendo una peli, pintando, cosiendo, jugando a la videoconsola, haciendo manualidades o jugando a juegos de mesa con amigos, todo será más amable y ligero si encuentras a alguien que comparta tu manera de disfrutar. Si eres una persona deportista y das con alguien sedentario, acabarás haciendo lo que te gusta solo. ¿Eso está mal? No, pero te aseguro que es mucho mejor si es compartido con la persona que quieres.

Si no te ves viviendo en tu país toda la vida, no te juntes con alguien que adora su ciudad, que es superfamiliar y que cuenta con sus amigos para todo, porque probablemente no se vea fuera de su entorno. O sí, pero te recomiendo dejar las cosas claras desde el principio.

¿Hijos sí? ¿Hijos no?

Aquí no hay grises. La respuesta «no lo sé» es válida, pero un «sí» o un «no» es una respuesta sagrada. Valora tu tiempo lo suficiente como para no embarcarte en una relación con alguien que no quiere hijos pensando que esa persona cambiará de opinión. Podrías encontrarte siete años después en una crisis porque tú sí lo deseas y tu pareja no. Eso puede llevarte a un abismo donde el tiempo invertido te haga sentir que la decisión no te beneficia.

Para quienes consideran ceder en este tema, quiero dejar claro que traer un bebé al mundo no debe ser una decisión impulsada por otra persona. Es profundamente injusto que una criatura nazca en una familia donde uno de los padres no quería tenerla. No se trata de un objeto que se pueda devolver; la vida cambia tanto que debe ser una decisión consciente que tomen ambas partes.

A quienes intentan convencer a su pareja de lo uno o de lo otro, les diré que no vale la pena. Ya es difícil aceptar un nuevo rol cuando lo deseas, imagínate si llega sin haberlo anhelado. Además, si te sales con la tuya, podrías tener que lidiar con una pareja resentida e infeliz. Al final, no es beneficioso para nadie.

Las enfermedades familiares, la vejez y la reestructuración del hogar

Este tema es delicado y a menudo se pasa por alto. La vejez de nuestros seres queridos llegará y, aunque no es necesario que se hable de ello nada más conoceros, es esencial tener conversaciones sobre cómo manejarás estas situaciones con tu pareja. Pregúntate:

- ¿Qué pasaría si un familiar enferma?
- ¿Compartimos la misma idea sobre la familia?

Recuerdo una cena con mis amigas en que les comenté que en mi casa de ensueño había una habitación para mis padres y mis suegros. Si ellos querían, me los traería a casa a vivir. Si no, se quedarían en casa con ayuda (siempre que me fuera posible). Algunas de mis amigas me miraron extrañadas: «¡Ni loca meto a mi suegra en casa! Bueno, ¡ni a mis padres! Se irían a una residencia seguro y creo que ellos estarían felices».

Si mis amigas no hablan de esto con su pareja y llega el día en el que uno de los padres enferma y necesita cuidados diarios, o llega la vejez y ya no pueden valerse por sí mismos, puede generarse un conflicto realmente doloroso en cuanto a la toma de decisiones. Uno puedo vivirlo como el abandono de su familia y el otro como la invasión de su privacidad. La vejez de nuestros seres queridos es un tema que nos toca a todos. Cuantos más aspectos logremos discutir y pactar, menos sorpresas y disgustos enfrentaremos en momentos que ya son de por sí muy difíciles.

A lo mejor, después de leer todos los temas sobre los que tendrías que reflexionar, te preguntes cuán grave es que no estés de acuerdo con tu pareja. Dicen que los polos opuestos se atraen, ¿no? Sí, de hecho, conozco a parejas que no se parecen en nada, que son diferentes en las cosas básicas y que siguen juntas. Pero ¿sabes qué tienen en común todas ellas? Las discusiones constantes. La lucha constante. Niños que crecen en ambientes de altibajos, entre tensiones y momentos de mucho amor, de una de cal y otra de arena, en una montaña rusa emocional de intensidad. ¿Vale la pena? Depende de la vida que quieras tener. Si entiendes las relaciones desde el conflicto constante, esto será «lo normal». Pero, si quieres hacerte un poco más fácil una vida que ya de por sí es compleja, busca tu polo complementario, no tu polo opuesto. Encuentra a alguien que comparta contigo la mayor cantidad de valores y puntos de vista posibles, así el camino será más llano y sereno.

La pregunta que nos deberíamos hacer más: ¿Para qué quiero una relación?

Vera vino a la consulta quejándose de algo que se repetía en su relación: su vida en pareja se limitaba a cenar en casa, ir al cine y pasar una semana en verano en un camping de los padres de él, en la montaña. Las escapadas, ir a la bolera, a la playa, hacer deporte o incluso ir de compras quedaban reservadas para sus amigos o, en el caso de ir a comprar ropa, para su madre. A Vera le molestaba sentirse encasillada, como si su rol en la vida social de su pareja estuviera muy delimitado. «Es como si él quisiera que viviéramos juntos y poco más, como un matrimonio de setenta años», me confesó. Al profundizar en su relación, nos dimos cuenta de que, en realidad, tenían visiones muy diferentes de lo que debería ser una relación.

Vera quería un compañero de aventuras, alguien con quien compartir tanto la vida cotidiana como momentos especiales. Le encantaba estar con sus amigas y valoraba su tiempo a solas, pero, cuando pensaba en su futuro en pareja, imaginaba un equilibrio entre lo tradicional y lo nuevo, entre la rutina y la sorpresa. Soñaba con descubrir cosas junto a su pareja, viajar, compartir pequeños momentos como hacer la compra juntos y también aventuras más grandes, como explorar una ciudad por primera vez.

Él, en cambio, buscaba una compañera y no mucho más. Y ojo, esto no es algo malo. De hecho, él estaba perfectamente satisfecho con su vida hasta que ella empezó a sentirse incómoda y a transmitirle su malestar. Para él, compartimentar su vida y sus relaciones era lo normal, no necesitaba más. Solo deseaba estar con alguien que encajara en esa visión y fuera feliz con ello.

Decidieron intentar acercar posturas y, para sorpresa de ambos, la relación tomó un giro inesperado. Me atrevería a decir que se volvieron a enamorar, pero esta vez de sus versiones más auténticas. Él descubrió a una Vera más curiosa, intrépida, dulce y con un mayor apetito sexual. Y ella vio en Marc a un tipo cómico y entregado, y entendió por qué sus amigos lo adoraban tanto. La relación mejoró porque ambos pusieron sobre la mesa lo que realmente buscaban y cedieron en aquello que podían, sin renunciar a lo esencial.

¿Sabes por qué pudieron hacer esas concesiones y adaptarse el uno al otro? Por la trascendencia.

La trascendencia

Imagina un triángulo: tú estás en un vértice, tu pareja está en otro, y vuestro camino conjunto está enfocado hacia ese tercer vértice, un punto en común que os guía. Para mí, esta es la joya de la corona. Es el tesoro al que he llegado tras reflexionar sobre lo que de verdad les permite a las parejas resistir los vientos impetuosos de la vida y seguir amándose. Seguir buscando la mirada del otro entre la niebla cuando las cosas no van bien, agarrarse de la mano con perdón y arrepentimiento cuando se sienten lejos. La trascendencia es construir algo mayor que tú, mayor que tu pareja, algo que vaya más allá de vosotros dos. Eso es la trascendencia, querido amigo, querida amiga.

En *El hombre en busca del sentido*, Victor Frankl habla del amor como una de las principales fuentes de sentido y trascendencia en el ser humano. En *El arte de amar*, Erich Fromm dice que la trascendencia en pareja ocurre cuando ambos individuos son capaces de amar de manera madura, es decir, cuando logran salir de su egoísmo y establecen una conexión basada en el crecimiento y el respeto mutuo. Trascender es más que tú, es más que yo, es más que nosotros.

¿Y qué es eso de la trascendencia? ¿Cómo se consigue? ¿Se trabaja?

La trascendencia es construir algo mayor que tú, mayor que tu pareja, algo que vaya más allá de vosotros dos.

La trascendencia puede estar relacionada con metas a corto o largo plazo, con el mundo físico, la energía o incluso lo espiritual. Trascender significa ir más allá de lo físico o simbólico, creando un impacto en la vida de los demás. Cuando ayudas a otra persona, trasciendes tus propias necesidades. Un simple acto de generosidad te conecta con algo más grande, te llena de una energía que va más allá de lo tangible, y esa sensación de bienestar profundo, de plenitud, es la que perdura.

En muchas culturas, la unión de pareja se considera trascendental, un vínculo que te acerca a lo divino o a una dimensión espiritual. Te confieso que he visto y experimentado esa trascendencia en las miradas de parejas que han superado el torbellino de la intensidad, que han aprendido a amar desde las grietas y reconociendo las heridas del otro. Es esa sensación de que lo que compartes con esa persona es único, algo que parece no pertenecer a este mundo.

Si decidimos, porque sí es una decisión consciente, darle ese valor sagrado a la relación, te aseguro que la conexión adquiere un nuevo significado. Cuando tratamos nuestra relación de pareja con el respeto que le daríamos a un templo, filtramos muchas actitudes impulsivas que, como seres humanos, dañan las relaciones. Nuestras palabras se vuelven constructivas y no pensamos en la ruptura cada vez que hay una discusión. Sabemos que esa opción existe, pero no la tenemos como idea recurrente.

Tener en mente la trascendencia de la relación permite un crecimiento mutuo, siempre que se respete la individualidad del otro. El mayor deseo en este tipo de amor no es poseer ni controlar, sino que la otra persona sea feliz siendo ella misma, incluso si eso significa que no siempre hará lo que nosotros queramos.

Para que este tipo de relación funcione, la humildad es esencial. A menudo caemos en el error de creer que sabemos lo que es mejor para nuestra pareja y generamos expectativas que solo llevan a la frustración.

Pero, cuando apoyas a tu pareja en su propio camino, sin imponer, sino acompañando con curiosidad, permites que el otro crezca. Esto no genera dependencia, sino que alimenta un amor en el que ambas partes eligen estar juntas de manera libre.

¿Y cómo afecta esto durante los conflictos? Pues en lugar de buscar culpables, verás el problema como un reto compartido que hay que resolver en equipo.

Para que esto sea posible, es importante que cada miembro de la pareja sea responsable de sus propias heridas y propósitos de vida. No esperes que tu pareja llene tus vacíos ni intentes tú llenar los suyos. Lo curioso es que, cuando tenemos esa visión, nos sentimos mucho más completos y sanados que antes.

LO QUE HEMOS APRENDIDO

♥ Es crucial identificar y expresar nuestras necesidades en una relación, ya que ignorarlas puede llevar a la insatisfacción y la frustración.

♥ Hablar sobre temas como valores, infidelidad y la relación con la familia política desde el inicio es esencial para evitar malentendidos y conflictos futuros en la pareja.

♥ La clave para una relación duradera radica en construir un propósito común que trascienda a ambos individuos.

♥ Cada persona en la relación debe ser responsable de su salud emocional y su bienestar para así evitar roles de dependencia y fomentar la comunicación abierta con el objetivo de resolver conflictos de manera constructiva.

Capítulo 3
¿Qué pasa después del enamoramiento? El amor profundo y maduro

Imagina que te subes a una canoa al principio de un río. Los primeros minutos son tranquilos y disfrutas del paisaje, pero de repente llegan los rápidos. La adrenalina te invade, te sientes emocionado y el tiempo vuela. Toda tu atención está puesta en el trayecto, tu cuerpo se mueve en sintonía para guiar la canoa y evitar las rocas. Tras un buen rato de esfuerzo y emociones intensas, el río vuelve a calmarse. Te relajas, sueltas los remos y te echas una siesta. Pero, sin darte cuenta, te has desviado. El agua baja, la corriente se debilita y, cuando te despiertas, te sientes atrapado en un lugar desconocido, en medio de la nada. Intentas remar, pero te das cuenta de que el río ya no es lo que era. Estás cansado, incómodo y recuerdas con nostalgia los rápidos que tanto te emocionaban. Pero, con esfuerzo, logras volver a un cauce más familiar. Y no te duermes. Sabes que el río puede cambiar otra vez. Te mantienes alerta, consciente de lo que puede pasar, y te sientes orgulloso por haber salido del estancamiento.

Así es una relación.

Cuando estamos enamorados, buscamos proteger y mantener a salvo esa parte de nosotros que vive en el otro.

Al principio, tienes opciones. No estás completamente enamorado de esa persona, aún no la conoces del todo. Este es el mejor momento para usar la cabeza, proteger tu corazón y observar cómo te afecta lo que esa persona hace y dice. Si todo encaja (o si no encaja, pero decides no pensarlo demasiado), te lanzas a los rápidos del enamoramiento. Tu cuerpo entero se entregará a esa nueva persona; cada cosa que dice, cada mirada, cada gesto será motivo de excitación. No podrás pensar en otra cosa y te resultará difícil concentrarte en algo que no sea ella. Estar separados se sentirá como una tortura y la ansiedad se disfrazará de esas famosas «mariposas en el estómago».

La investigadora Emily Nagoski, experta en psicología y sexualidad, ha estudiado la conexión entre el apego y el amor. Según ella, desde el nacimiento, el apego es nuestra forma de buscar seguridad y plenitud. Cuando estamos enamorados, buscamos proteger y mantener a salvo esa parte de nosotros que vive en el otro. Durante el enamoramiento, nuestro cerebro activa el circuito de recompensa, el sistema que nos ayuda a aprender qué nos gusta o nos disgusta, y nos motiva a buscar lo que nos hace sentir bien. En este caso, lo que queremos es mantener viva esa relación nueva que hemos aprendido a desear. Esto es crucial porque nuestro cerebro está diseñado para evitar el sufrimiento y el amor nos proporciona esa sensación de seguridad que asociamos con la supervivencia.

Aquí entra en juego algo muy primitivo: el apego. Aunque seamos adultos y racionalmente sepamos que podemos vivir sin nuestra pareja, nuestro cuerpo no lo percibe así. El cerebro, en este sentido, actúa como si estuviéramos en la infancia, cuando dependíamos de nuestros cuidadores para sobrevivir. De niños, si nuestros cuidadores nos abandonaban, no sobrevivíamos. De adultos, aunque sepamos que nuestra vida no depende de nuestra pareja, nuestro cuerpo sigue reaccionando con una sensación de dependencia emocional, como si nuestra supervivencia estuviera en juego.

Por eso el enamoramiento tiene una función tan potente e importante, pero limitada a corto plazo. Su misión es unir a dos personas y crear la base para el apego que sostendrá la relación a lo largo del tiempo. Es una etapa tan intensa y agotadora como ese primer trimestre de embarazo, en el que el cuerpo trabaja a tope para crear una nueva vida. Se necesita una gran cantidad de energía, de hormonas y de estímulos emocionales para dar ese primer paso en la relación. Por eso esta fase es tan apasionada, electrizante y, a menudo, tan breve.

¿Qué pasa después del enamoramiento? Cuando los rápidos bajan, como en el ejemplo de la canoa, es cuando empieza el verdadero trabajo y entra en escena el amor. Sin embargo, a menudo confundimos el fin del enamoramiento con el fin del amor o, sencillamente, rehuimos todo lo que no implique la emoción del deporte de aventura. Podemos quedarnos enganchados al circuito de recompensa y salir a buscar otra recompensa en otra parte cuando nos acostumbramos, es decir, cuando un estímulo es constante y el cerebro se acostumbra y libera menos dopamina y serotonina. Si entramos en este bucle, nunca sabremos qué podría haber pasado si nos hubiéramos quedado un tiempo más en el vínculo.

Quedarse en el enamoramiento: El eterno enamorado

Seguro que conoces a alguien que va de relación en relación como un mono moviéndose entre lianas, alguien a quien las parejas no le duran más de uno o dos años. Esa persona nunca logra superar la fase de enamoramiento y llegar al amor profundo. En este tipo de dinámicas, he visto dos perfiles: por un lado, quien parece un donjuán, se enorgullece de ello y se define como un enamorado del amor que disfruta del juego de la seducción. Por otro lado, están quienes, en realidad, nunca se sienten satisfechos y siempre creen que la persona que tienen al lado no es suficiente.

Este patrón es peligroso porque, en esencia, es un autoengaño. Las causas pueden estar en muchos lugares: heridas emocionales, experiencias de desengaño traumáticas o una base insegura de apego. Sin embargo, en el fondo, es una máscara que esconde miedo al compromiso, a abrirse a la vulnerabilidad y a la intimidad.

Estas son algunas creencias irracionales que justifican ese miedo y lo disfrazan de convicción o fortaleza:

- **Después de la pasión, llega el aburrimiento.** En la novela *El amor dura tres años*, Frédéric Beigbeder lo ilustra con esta frase:

El primer año, uno dice: «Si me abandonas, me MATO».

El segundo año, uno dice: «Si me abandonas, lo pasaré muy mal, pero lo superaré».

El tercer año, uno dice: «Si me abandonas, invito a champán».

Confundir la calma con aburrimiento o desamor es muy común, sobre todo después de haber estado en relaciones tóxicas o muy intensas.

- **El amor sin enamoramiento no es amor.** Durante el enamoramiento, nuestro cuerpo está lleno de hormonas como la dopamina, la noradrenalina, la luliberina y la oxitocina. Estas crean un estado de éxtasis, casi insostenible a largo plazo, porque su función es asegurarnos de que se forme y mantenga el vínculo, un objetivo biológico clave. Sin embargo, este subidón no puede durar mucho tiempo, ya que, si lo hiciera, seríamos incapaces de tomar decisiones racionales y nos volveríamos poco funcionales.

- **El amor mata el misterio.** Si lo que más te excita no es la persona, sino el hecho de conseguirla, estarás atrapado en un juego en el que ambos jugadores pierden. Si te interesa más la conquista que la persona en sí, cuando por fin la consigas, probablemente te sientas decepcionado, pero no porque la persona sea decepcionante, sino porque el bajón de adrenalina se confunde con desilusión. Así, ambos quedáis atrapados en la creencia de que el amor mata el misterio, cuando, en realidad, es el miedo quien teje esa trampa.

• **El matrimonio mata el amor.** Tal vez has escuchado de parejas que, tras años juntas, se separan poco después de casarse. Si se ve el matrimonio como una jaula o una obligación de la que no se puede escapar, dejamos de verlo como lo que realmente es: un acuerdo consciente, libre y consensuado de querer compartir la vida juntos.

• **El amor es sufrimiento.** Aunque en ocasiones amar implica dolor, también trae consigo experiencias maravillosas. Quien tiene miedo de sufrir, se pierde muchas de las mejores cosas de la vida. No es posible amar profundamente sin atravesar momentos de decepción y dolor para luego repararlos juntos.

Algunas personas se quedan en ese estado perpetuo de búsqueda, pues prefieren la intensidad de los nuevos comienzos, a pesar de convivir con la desilusión tras cada decepción. Quizá no veas sufrimiento en esta gente porque, como te he dicho antes, se trata de un autoengaño. El cerebro está diseñado para protegernos del dolor físico y emocional, así que, en este caso, disfrazar la realidad parece la mejor estrategia.

Si estás en los inicios de una relación y sientes aburrimiento o ansiedad ante la calma, mi consejo es que esperes. Sostén ese tedio mientras reflexionas. Pon tu mente racional a trabajar. Piensa en lo que esa persona te aporta en realidad, en cómo te sientes cuando estás a su lado y si tus metas e ilusiones encajan con su compañía. Ese aburrimiento pasará y entonces empezarás a saborear la serenidad, la seguridad y el gozo que llegan con el amor maduro. Te sentirás libre al elegir a esa persona cada día, sabiendo que tú también eres elegido, visto y valorado.

Más allá de las mariposas

Ahora bien, ¿el enamoramiento siempre tiene que ser tan intenso? ¿Es un problema si no sientes fuegos artificiales al conocer a tu pareja? La respuesta es: definitivamente no. Y es importante que lo sepas.

Marta tuvo una relación llena de toxicidad, ansiedad, miedos e inseguridades durante tres años. El inicio fue tan turbulento como el final. Su ex apareció como un torbellino y lo puso todo patas arriba. Marta recuerda perfectamente esos primeros días: el dolor de estómago, los sudores y la ilusión inmensa cuando se veían. No podía dejar de pensar en él. Todo era intensísimo… Hasta que las cosas se complicaron. Tras muchas idas y venidas, la relación terminó, pero esa sensación inicial la dejó marcada.

Tiempo después, cuando ya se había recuperado emocionalmente, apareció Marc. Llevaban cinco meses y, en teoría, él era lo que siempre había querido. Era todo lo contrario a su ex: independiente, cariñoso, humilde y respetuoso. Sin embargo, aunque todo parecía perfecto —la química estaba ahí, los besos eran apasionados—, Marta no sentía mariposas ni sudores, y podía seguir con su vida sin estar todo el tiempo pensando en él. «¿Será que no estoy enamorada?», se preguntaba.

Esta duda es más común de lo que parece, en especial después de haber vivido una relación tóxica. En esas relaciones, lo malo es tan malo que lo bueno se magnifica. La intensidad emocional llega a ser tal que los momentos de calma parecen casi aburridos. Pero, como dije antes, el enamoramiento no siempre tiene que ser explosivo. Puede empezar con seguridad, tranquilidad y hasta con cierta serenidad. Y eso es perfectamente normal.

Quiero hacer una aclaración importante: esto que digo no responde a la frase: «¿Me quedo con el bueno o con el que me gusta?». La respuesta a esta pregunta es: «Ni con uno ni con el otro, te quedas con el bueno que

«¿Me quedo con el bueno o con el que me gusta?». La respuesta a esta pregunta es: «Ni con uno ni con el otro, te quedas con el bueno que te guste».

te guste». Porque cuando nuestro cerebro (ese circuito de recompensa) ha aprendido que nos gusta quien nos genera más torbellino emocional, es normal que interpretemos que esa falta de caos al conocer a alguien es falta de interés.

En este caso, si todo cuadra en teoría —hay química, atracción, respeto mutuo y compartís el mismo lenguaje en lo erótico—, te animo a que aguantes. Sostén la incomodidad de la calma y permite que tanto tu cuerpo como tu mente se acostumbren a una nueva forma de amar. Con el tiempo, y te aseguro que no será mucho, confirmarás si ha sido la elección correcta quedarte con alguien que te ofrece paz y, al mismo tiempo, te impulsa a ser mejor.

A veces, lo que empieza como un paseo tranquilo por la playa puede convertirse en una de las historias de amor más bellas. Y no necesitas mariposas para que sea especial.

Del enamoramiento al conocimiento

Una vez disipado el enamoramiento, llega el amor real, el amor que trasciende. Pasamos de un estado primitivo y visceral a uno más maduro y consciente. Como hemos visto, durante el enamoramiento, nuestro cerebro activa el circuito de recompensa, nos inunda de hormonas que nos hacen sentir eufóricos y centrados en nuestra pareja. Sin embargo, una vez que nuestro cerebro ha aprendido lo suficiente sobre lo que le gusta de esa persona, esa intensidad disminuye, nos permite ver la relación y a la otra persona con mayor claridad.

En el momento en que desaparecen las mariposas es cuando comenzamos a conocer a nuestra pareja de verdad. Durante el enamoramiento, no solo las hormonas nos hicieron sentir bien, sino que nuestro inconsciente llenó los huecos que aún no conocíamos de esa persona con nuestros propios ideales y expectativas. Proyectamos en ella todo lo que deseamos para nosotros mismos y creamos una versión idealizada de nuestra pareja. Cuando el enamoramiento cede y llega el amor, esas proyecciones comienzan a desvanecerse, nos dejan ver a la persona tal como es, con sus virtudes y sus defectos. Este es un momento crucial, porque las decepciones que surgen al descubrir que nuestra pareja no es exactamente como imaginábamos son una oportunidad para conocerla de verdad. Como dicen en la serie *Berlín*: «¿Cómo vas a amar a alguien si no lo conoces?». En esta fase, la niebla se disipa y, aunque puede parecer menos emocionante que el enamoramiento, es mucho más rica y profunda.

Aquí es donde entra en juego la conciencia de nuestras elecciones. Si algo nos decepciona de nuestra pareja, es fundamental reconocer que tal vez esa decepción tiene más que ver con nuestras expectativas que con su comportamiento real. «¿Esperaba algo distinto? ¿Es una proyección mía?». Una vez que empezamos a conocer cómo es en realidad esa persona, podemos preguntarnos: «¿Me encaja? ¿Puedo aprender algo de este aspecto que no esperaba?».

Este proceso es como completar un puzle, pieza a pieza, donde cada nueva faceta que descubrimos de nuestra pareja nos ayuda a verla en su totalidad. Es importante hacerlo desde la curiosidad, observando sin juzgar, pero también manteniendo nuestros límites. Porque, aunque la curiosidad nos permite conocer mejor a nuestra pareja, debemos recordar que somos coprotagonistas de esta relación, no personajes secundarios. No estamos observando desde la distancia, sino que también somos parte activa de la dinámica.

Por ejemplo, imagínate que un día llegáis a casa de sus padres y, al ver un billete de 20 euros en la encimera, tu pareja se lo guarda sin decir nada. Aquí, puedes preguntar con curiosidad por qué lo ha hecho.

Hasta ahí, está bien. Tal vez quieras expresar tu desagrado y preguntarle cómo podría sentirse su familia al respecto. Observar su reacción es una manera de entenderlo mejor. Sin embargo, cuando menciono la palabra «límites», quiero recordarte que no se trata de un documental, sino de tu propia historia. La curiosidad debe ir acompañada de un autoexamen constante. No podemos cambiar a la otra persona, ni debería ser ese nuestro objetivo, pero sí podemos tomar decisiones sobre cómo queremos que sea nuestra vida. Si algo no te gusta, no lo ignores por miedo. Permítete sentirlo y reflexionarlo. Pregúntate: «¿Cómo me afecta este descubrimiento? ¿Me siento cómodo con ello?».

Cuando observes algo que no te gusta, míralo con curiosidad y un poco de distancia para evitar sacar conclusiones precipitadas, pero conecta también con tus sensaciones y tus emociones. Se supone que estarás con esa persona toda la vida, así que escucha a tu cuerpo; es tu tesoro más valioso. Si algo no te gusta, dale espacio y no lo ignores.

Gestionar las decepciones es un acto de valentía. ¿Por qué? Porque lo fácil y cobarde es dejarlas pasar, silenciarlas y construir una narrativa propia que no siempre se ajusta a la realidad («seguro que ha cogido el billete porque el otro día les hizo la compra», «en realidad no quería hacerlo, pero está muy estresada», «cuando vea que me duele, dejará de hacerlo»), o autoconvencerte de que no te importa tanto cuando quizá sí. Pero en las relaciones se necesita ser valiente con uno mismo para aceptar que tu pareja te ha decepcionado y confrontar ese hecho con ella.

Como ya hemos visto, según Joan Garriga, la pareja es un baile. Una vez que superamos el enamoramiento, comienza la coreografía de verdad, una danza que es a la vez bella y compleja. A veces, puede que desees terminar el baile, pero en otros momentos te llevará a rozar el cielo. Permanecer en la adversidad, en la calma y en las alegrías es duro, no lo voy a negar, pero esta experiencia se convierte en una escuela de crecimiento personal.

Es importante que entiendas que en una relación duradera experimentarás:

- Decepción por ambas partes.
- Frustración.
- Épocas de desconexión emocional.
- Momentos de intenso movimiento sexual.
- Periodos de escaso o nulo movimiento sexual.
- Etapas de gozo pleno.
- Fases de complicidad y de equipo.
- Momentos de quietud.
- Temporadas de paz y temporadas de tormentas.

¿Cómo no vamos a vivir el movimiento en una relación si la vida nunca se detiene?

ME ESCUCHO: EL CRONOGRAMA DE MI RELACIÓN

Si tienes pareja, te invito a que realices un cronograma de los momentos que ha vivido tu relación a lo largo de los años. Aunque puede parecer complicado, puedes apoyarte en fotos, redes sociales o mensajes. Este ejercicio es fundamental para obtener una visión equitativa de la historia que habéis compartido juntos.

1. Dibuja una línea horizontal en una hoja de papel. Esta será la base de tu cronograma.

2. Identifica los momentos más relevantes de vuestra relación. A lo largo de la línea, marca los eventos significativos que habéis vivido por orden cronológico. Recuerda que esto incluye tanto los momentos felices como los más difíciles.

3. Coloca los momentos bonitos en la parte superior de la línea y los momentos duros o que te generaron algún malestar en la parte inferior. Esto te ayudará a visualizar el equilibrio entre las experiencias positivas y las negativas.

4. Reflexiona sobre cada momento. Al lado de cada evento, escribe un breve aprendizaje que te haya dejado. Pregúntate: «¿Qué aprendí de esa situación? ¿Ese acontecimiento nos ayudó como pareja? ¿De qué manera afectó a nuestra relación en el futuro?».

5. Analiza el cronograma. Una vez que hayas completado el ejercicio, observa si alguno de esos momentos sigue influyendo en vuestra vida actual. Pregúntate si sigue teniendo eco en las discusiones que tenéis hoy en día. Esto te permitirá establecer metas para trabajar en esos aspectos en el futuro.

ME ESCUCHO: ¿A QUÉ LE TENGO MIEDO?

Ahora, tanto si tienes pareja como si no, te invito a realizar el siguiente ejercicio de reflexión:

1. Identifica tus miedos. Pregúntate: «¿Tengo miedo de vivir alguna de las etapas de la relación que se mencionaron anteriormente?». Tómate un momento para pensar en ello.
2. Explora el origen de esos miedos. Reflexiona sobre de dónde crees que provienen. Pregúntate: «¿Los he adquirido de mi familia de origen, de mis cuidadores o de relaciones pasadas?».
3. Considera la repetición de patrones. Si esos miedos tienen su origen en experiencias familiares o en relaciones anteriores, pregúntate: «¿Por qué creo que se repetirían en mi caso?». Esto te ayudará a identificar posibles patrones en tu vida.
4. Define nuevas creencias. Piensa en lo que te gustaría creer de forma diferente respecto a aquello que te causa miedo. Pregúntate: «¿Qué ideas nuevas me gustaría adoptar?».
5. Modifica tu forma de pensar. Reflexiona y pregúntate: «¿Qué debería cambiar en mi manera de pensar para acercarme a esa nueva creencia que deseo tener?».

Cuando hemos vivido relaciones no saludables en nuestra vida, ya sea en nuestras familias o en nuestras propias experiencias amorosas, es común que nuestro cerebro asocie el vínculo con la inseguridad, que es uno de los ingredientes necesarios para poder experimentar una relación gozosa. Para cambiar ese patrón, lo primero que tenemos que hacer es reconocerlo. Debemos mirar hacia dentro y ser conscientes de las actitudes y pensamientos que, sin darnos cuenta, alimentan ese miedo. ¿Qué haces o dejas de hacer? ¿Qué pensamientos te rondan por la cabeza? Identificar estas dinámicas es fundamental, ya que son las que mantienen ese temor y sabotean nuestros intentos de construir las relaciones que realmente deseamos.

LO QUE HEMOS APRENDIDO

♥ El enamoramiento es intenso pero breve. Es un estado impulsado por hormonas que busca crear un vínculo, pero no puede durar para siempre.

♥ El amor profundo surge después del enamoramiento. Este amor maduro implica conocer a la pareja en su totalidad, con sus defectos y virtudes, y aceptar la realidad de la relación más allá de las idealizaciones.

♥ El miedo al compromiso puede sabotear las relaciones. Algunas personas evitan el amor profundo por miedo a la vulnerabilidad y se mantienen en una búsqueda constante de la emoción del enamoramiento.

♥ En una relación duradera, se experimentan fases de conexión, desconexión, alegría y frustración. La clave es aceptar el movimiento constante y aprender de los desafíos.

Capítulo 4
Amar sin cargas

Llegamos a la relación de pareja con nuestras mochilas a cuestas. Esas mochilas están cargadas con el peso que hemos ido acumulando: las experiencias de relaciones anteriores, las manías, formas de hacer, las toxicidades que hemos normalizado, los miedos y las heridas. Pero también traemos nuestros aprendizajes, esas promesas que nos hicimos de no volver a perder ciertas cosas, junto con nuestros ideales y esperanzas.

Además de eso, cada uno trae consigo una historia de vida única, marcada por la familia de la que hemos aprendido casi todo (ya te he hablado en el capítulo 1 de la importancia del apego). Algunas de esas cosas son positivas y otras no son tan adaptativas. Con todo ese bagaje, ese mapa personal que a veces parece un jeroglífico lleno de partes que ni siquiera nosotros mismos entendemos del todo, nos abrimos a otra persona… ¡que tiene su propio mapa! ¡Madre mía! ¿Y ahora qué? ¿Cómo se supone que se hace esto?

Cuando llegamos a una relación, se espera que cada uno siga llevando su propia mochila. No podemos esperar, por muy romántico que suene, que nuestra pareja cargue con nuestro peso, vacíe nuestras mochilas y cure todas nuestras heridas mientras nosotros nos dejamos cuidar. La vida no funciona así y, créeme, esto puede ser contraproducente a largo plazo. De hecho, aquí es donde surge la peligrosa dinámica de «salvar» al otro. Puede parecer un acto de amor, pero en realidad resulta tóxico.

Cuando hablo de «salvar» a otra persona me refiero a una dinámica relacional que puede aparecer tanto en relaciones amorosas, como de amistad o familiares. En estas situaciones, una persona cree que, si se hace cargo de los traumas, problemas y heridas del otro, podrá solucionarlos y creerá que así «salvará» a su pareja. Este comportamiento suele confundirse con «responsabilidad afectiva». A simple vista, ambas pueden parecer similares, ya que la línea que las separa es fina, pero hay una diferencia crucial: la responsabilidad afectiva implica ser consciente de las emociones del otro y actuar con respeto y cuidado, pero no significa cargar con esas emociones o sentirte responsable de solucionarlas. Las emociones, los miedos y los problemas son responsabilidad de quien los experimenta, no de las personas que están a su alrededor.

Confundir esa responsabilidad afectiva con el deseo de «salvar» al otro puede desembocar en una relación de codependencia emocional. En este tipo de relaciones, una persona asume el rol de salvador, mientras que la otra toma el de quien necesita ser salvada. Lo que al principio puede parecer una demostración de amor, en realidad crea una dependencia que limita a ambos miembros de la pareja. La persona que busca ser «salvada» no estará en la relación de manera libre y auténtica, sino como un refugio para evitar enfrentarse a sus propios problemas. Al mismo tiempo, el salvador se coloca en una posición de superioridad. Es este quien asume el control no solo de la relación, sino del bienestar del otro, y, aunque sea de manera inconsciente, cree que sabe mejor cómo manejar la vida del otro. Esta asimetría genera una gran desigualdad y, a largo plazo, resentimiento en ambas partes.

Las emociones,
los miedos
y los problemas
son responsabilidad
de quien los
experimenta,
no de las personas
que están a su
alrededor.

Tu mochila es tuya y nadie debería cargar con ella. Aunque al principio pueda parecer bonito que alguien quiera ayudarte a llevar tu peso, con el tiempo esto se convierte en una carga insoportable. Es fundamental que te responsabilices de tus propias piedras, que seas consciente de ellas y las trabajes tú mismo. Si no lo haces, y permites que alguien más trate de llevarlas por ti, es muy probable que esa persona no aguante mucho tiempo, porque ser el «todo» de otra persona es una carga emocional demasiado pesada de llevar.

Nadie ha venido a rescatarte. Al igual que en un avión debes ponerte primero tu mascarilla de oxígeno para poder ayudar a los demás, en una relación es esencial que no te centres únicamente en el otro, porque acabarás agotándote y perdiéndote en el proceso. Si te desvives solo por tu pareja, te quedarás sin energía positiva para ti y para la relación. Esa energía es la que nutre el vínculo y aporta ilusión para seguir creciendo juntos. Si se agota, lo único que quedará será resentimiento.

Lo que realmente necesitamos en una relación no son salvadores, sino compañeros de vida. Personas que, con sus propias mochilas, nos acompañen y nos hagan sentir que compartimos un salvavidas, no una carga. Es fundamental que comprendamos que el apoyo mutuo no significa asumir los problemas del otro como propios, sino estar presentes, escuchar y acompañar sin perderse a uno mismo en el camino.

¿Y esto cómo se hace? Si no es sabio depender de una persona, si no puedo darle mi mochila a mi pareja, ¿cómo se comparten los malestares?

Mi mochila, tu mochila

No sé si perteneces a mi generación, pero cuando éramos pequeños, coleccionar cosas era un juego habitual: tazos, cromos, cartas de nuestros personajes favoritos… y, cuando quedábamos con los amigos, sacábamos nuestro arsenal y lo mostrábamos con orgullo. Algunas cartas las teníamos repetidas, las famosas «repes», y las enseñábamos con cierto aburrimiento, pero con la esperanza de cambiarlas por unas distintas que nos interesaran más. Otras cartas, en cambio, las mostrábamos con ilusión. Al compararlas, decíamos «tengui» cuando ambos teníamos la misma y compartíamos ese pequeño instante de complicidad.

Este ejemplo sencillo es lo que ocurre con nuestras mochilas emocionales en una relación. Se trata de compartir con la pareja, a nuestro propio ritmo, nuestras «cartas». Algunas de esas serán fáciles de enseñar, mientras que otras nos costarán mucho más. A veces, incluso nos daremos cuenta de que las heridas de ambos coinciden y, en esos momentos de empatía, diremos «tengui». Esto no siempre ocurre en una misma conversación, si no que ocasionalmente son pequeñas frases, circunstancias en las que, sin querer, se revelan pensamientos muy profundos que vienen de heridas muy hondas, así que, por favor: escucha.

Escucha con amor, con todo el cuerpo y con la mirada. Cuando tu pareja te muestra una herida, te está confiando una parte muy delicada de sí misma. Trata de estar presente de verdad. Recuerda, no eres ni su terapeuta ni su salvadora; no intentes sacarle del dolor, simplemente acompáñala. No te está pidiendo que sanes su pasado ni que le des soluciones o herramientas para superarlo. Solo quiere que la escuches. En ocasiones, tu mera presencia a través de su historia ya será suficiente para comenzar a sanar.

Aquí tienes algunas formas de acompañar en esos momentos tan delicados:

• Pregúntale: «¿Y cómo te sentías?».
• Valida su emoción. Si no sabes cómo hacerlo, puedes decir algo como «Debió de ser muy _____» y completa la frase con la emoción que te parezca más adecuada. Si te corrige, no pasa nada. No es un error,

solo estás interpretando y tu pareja te lo está aclarando. Puede que incluso la ayude a ella a esclarecer sus propios sentimientos.

- Exprésale cuánto lo sientes. Un simple «Lo siento mucho» puede ser muy reconfortante.
- Si te sientes abrumada, pregunta si puedes hacer algo para ayudar.
- Pregúntale si lo que te ha contado le afecta hoy en día y de qué manera. Esto te ayudará a entender mejor sus detonantes en el presente.
- Agradece su confianza. Dar las gracias por compartir esa parte tan vulnerable de sí mismo fortalece el vínculo.
- Hazle saber que estás a su lado, que no está solo.

Es importante recordar que cada persona tiene su propio estilo de comunicarse. Algunas personas son muy expresivas y no tienen problemas en contarte su vida de un tirón. Otras, sobre todo quienes no han tenido el espacio o el permiso en casa para expresarse, pueden tener más dificultades para hablar de sí mismas. Quizá, cuando lo hagan, utilicen frases cortas y sin mucha reflexión. Acompañar en esos momentos no significa tirar del hilo o hacer demasiadas preguntas. No se trata de forzar a la otra persona a abrirse más de lo que está lista.

Acompañar consiste en escuchar con todo el cuerpo, sostener los silencios, expresar amor, agradecer la confianza y preguntar si puedes ayudar de alguna manera. Así de simple y, aunque parezca fácil, esta presencia es lo más poderoso que puedes ofrecer.

Un buen ejemplo de esto es la historia de Bea y Paco. Empezaron a salir y enseguida se dieron cuenta de que eran un *match* perfecto. Congeniaban genial, compartían intereses y la química era innegable. Disfrutaban mucho del tiempo juntos. Sin embargo, a los pocos meses llegó la primera discusión. Bea venía de una relación tóxica en la que las discusiones duraban horas y ella solía quedarse callada durante días, atrapada en

Acompañar
consiste en
escuchar con todo
el cuerpo, sostener
los silencios,
expresar amor,
agradecer
la confianza
y preguntar si
puedes ayudar
de alguna manera.

una especie de shock. Paco, por su parte, no sabía discutir con palabras; su arma principal era una mirada fulminante, cargada de odio y desprecio, y luego ignoraba a la otra persona.

Cuando eso sucedió en su primera discusión, para Bea fue una línea roja absoluta. «Esa mirada no tiene ni una pizca de amor. No sé cómo discutías con tu anterior pareja, pero conmigo no funcionará. Me hiere demasiado y te pido que no me vuelvas a mirar así nunca más». Bea había trabajado mucho en sí misma durante el tiempo que estuvo soltera y le costó horrores no retraerse, no caer en el silencio como hacía antes. Le explicó a Paco: «Yo, por mi parte, intento no desaparecer y callarme durante horas, aunque sienta la necesidad de hacerlo. Me esfuerzo por quedarme y, al rato, poder hablarlo si te apetece».

Paco no había trabajado tanto en sí mismo. Venía de una relación en la que había sufrido varias infidelidades y muchas mentiras por parte de su expareja. Sin embargo, ese límite que Bea puso fue un punto de inflexión en su vínculo. En esa conversación, Paco vio vulnerabilidad cuando Bea le confesó sus tendencias a aislarse, amor cuando le explicó cómo se sentía porque le importaba la relación y seguridad en la forma valiente y honesta en la que le pidió que no volviera a mirarla de esa manera. Al hacerlo, Bea, sin saberlo, estaba ayudando a Paco a reparar su propia herida de traición.

Debemos ser conscientes de que la mochila de cada uno no siempre lo tiene todo a la vista, hay cosas que descubrimos justo cuando las detona algo de nuestro presente. Te voy a contar una conversación que tuve con mi pareja hace poco:

Son las dos del mediodía y le escribo a mi pareja, Grau:

Cariño, ¿qué planes tienes para hoy?

> Me ha dicho Juan de ir a hacer un pádel.

Conecto con el enfado, me dan ganas de ponerle «ok», cerrar el móvil e ignorarle.

«Quieta, espera», me dice la adulta que vive en mí. Dejo el móvil un segundo y respiro.

¿Qué me pasa? ¿Por qué me he enfadado por querer hacer un plan con su amigo? ¿Qué puede haber debajo del enfado?

Quería verle, hoy estoy teniendo un mal día en el trabajo y estar con él me sana. Que me haya dicho que se va con su amigo me hace sentir sola o que no quiere estar conmigo. Que no le importo.

Vale, mi parte adulta sabe que sí le importo. Que no es adivino, que puede que él necesite ver a sus amigos y que eso no quiere decir que no me quiera. Estoy conmigo, me abrazo y respiro.

Cuando estoy más tranquila, cojo el teléfono y le escribo:

> Vale, cariño, si te apetece, ve. Yo no estoy teniendo un buen día en el trabajo y me apetece que estemos juntos, me haces sentir en paz. ¿Te parece si después del pádel te vienes a cenar?

¿Seguro? ¿Te vas a enfadar?
Ahora me siento mal si voy.

Aquí Grau detona. Su anterior pareja utilizaba el sarcasmo constantemente, sus «síes» eran «noes» disfrazados que tendrían consecuencias después. Las conversaciones no eran transparentes y las vivía con ansiedad.

Es igual, cancelo el pádel y me voy contigo.

Grau no ha gestionado su mochila, se ha dejado llevar por la emoción de alerta y ha actuado siguiendo el mismo patrón que su relación pasada.

No amor, espera, te llamo.

Por teléfono…

—Escucha, necesito que me creas. Tú y yo tenemos algo distinto, ni eres mi ex ni yo soy la tuya. Si yo te digo que te vayas, vete de buen ánimo. Te comparto como me siento para poder atender también a mi necesidad, pero sin coartar tu libertad. Haz lo que quieras, pero no desde el miedo. Estaré bien si te vas, y mejor si luego vienes a cenar.

— Es que me siento culpable si me voy después de decirme que estás triste.

— Pero ¿vendrías a cenar conmigo después?

— Claro.

— Pues ya está, y así todos contentos, y yo te agradezco mucho que vengas conmigo después.

En esta ocasión, me hice cargo de mi propia mochila: una herida de abandono que había experimentado en el pasado, un miedo profundo que se activó tras un mal día y un deseo no correspondido simplemente porque mi pareja no lo conocía. Lo compartí desde la serenidad, tomándome el tiempo para sentirlo y abrazarme sin juzgarme. Él, en cambio, reaccionó de manera más impulsiva. Su sistema nervioso se desreguló y no supo cómo calmarse, así que de inmediato buscó complacerme para evitar la incomodidad. En esta circunstancia, supe reconducirlo. Aunque los fantasmas del pasado afloren, es importante recordarse que cualquier relación es única e incomparable, y debe tratarse como tal.

Mi parcela, tu parcela

Seguramente, al leer la situación del pádel, habrás pensado en parejas que no necesitarían tener esa conversación por mensajes, básicamente porque ya estarían en el mismo sitio. Existen parejas que lo hacen todo juntas, porque así disfrutan más de la vida. Cada uno tiene sus amigos, pero prefieren compartir incluso esos momentos. ¿Y qué hay de malo en ello?

Pues nada, no tiene absolutamente nada malo. Quizá esperabas que te dijera lo que se suele recomendar: que las parejas deben tener bien definida y flexible su «membrana de separación». Pero no es tan simple y depende mucho de cada pareja.

Cuando hablamos de «membranas» en las relaciones, nos referimos a los límites que mantienen tanto la individualidad de cada miembro como la conexión entre ambos. Hay dos tipos de membranas en una pareja:

• **Límite extradíaco:** Es el que separa a la pareja de los demás. Un ejemplo muy claro de esto me lo contó Laura, una amiga: cuando una de sus amigas presentaba a su nuevo novio, este automáticamente deja-ba de interesarle en ese sentido, ya que lo veía «fuera del mercado». Para ella, esa era una muestra de lealtad y respeto hacia la relación de su amiga. Este tipo de membrana no solo protege a la pareja de posibles in-terferencias externas, sino que también marca límites claros para su entorno.

• **Límite intradíaco:** Este define la individualidad de cada miembro dentro de la relación. Hay parejas que prefieren mantener este límite muy poroso, es decir, pa-sar casi todo el tiempo juntos, mientras que otras pre-fieren un espacio más definido para su vida individual.

La teoría dice que lo ideal es mantener un equilibrio entre ambas membranas: que sean igual de consistentes, ni demasiado rígidas ni de-masiado difusas. Pero yo te diré que eso depende, sobre todo en lo que respecta a la membrana intradíaca. Por ejemplo, mis padres preferían via-jar juntos y pasar la mayor parte del tiempo a solas, aunque les encantaba estar con amigos también (una membrana extradíaca porosa pero bien definida). Recuerdo que, cuando empecé a salir con mi marido, a veces hacía planes solo con mis amigas y mi madre, sorprendida, me decía: «¿Y Grau? ¿No viene? Qué cosa más rara. No entiendo nada de las parejas de hoy en día».

Hay parejas que prefieren pasar el tiempo «siempre» juntas y son felices así. La clave, como en todo, es que sea una elección libre y consciente por parte de los dos. Ambos deben sentirse cómodos y tener la libertad de decidir sin consecuencias negativas. Esto es fundamental.

Sin embargo, la cosa cambia con los límites extradíacos. Para ilustrarlo, déjame hablarte de Luis y Clara.

Clara vino a consulta con una queja constante sobre su suegra. Luis le había dado a su madre una copia de la llave de su casa sin consultárselo y esta entraba sin avisar, les lavaba la ropa (a pesar de que Clara había dicho varias veces que no lo hiciera), cambiaba la decoración y les compraba golosinas a los niños, cuando Clara no quería que comieran dulces a diario. Se sentía frustrada, sola y sin apoyo.

Cuando los dos vinieron a consulta y hablamos de la membrana extradíaca, Luis comprendió que debía ser él quien estableciera ese límite con su madre. Aunque le costaba llamarle la atención porque la respetaba mucho, entendió que era necesario. Recordó que Clara había mantenido un límite claro cuando su propio padre desautorizó a Luis delante de los niños y respetó su papel como padre y como pareja.

Sentir que tengo mi lugar es un bálsamo y está directamente relacionado con la seguridad y el refugio. Este es uno de los activos más importantes de una relación saludable.

ME ESCUCHO: ¿CÓMO SON LAS MEMBRANAS DE MI RELACIÓN?

¿Sabrías definir tu relación en cuestión de membranas? Representa tus membranas, utiliza puntos guiones o líneas rectas en función de su flexibilidad, apertura y conexión, como en los dibujos de la página 82. Te pueden ayudar en las siguientes preguntas (las que tienen una I están relacionadas con el límite intradíaco y las que tienen una E con el extradíaco):

- ¿Sueles compartir tiempo a diario con tu pareja? (Si tienes tiempo libre) (I)
- ¿Prefieres pasar tiempo a solas que estar con tu pareja? (I)
- ¿Prefieres repartir equitativamente tu tiempo con tus amigas y con tu pareja? (I)
- ¿Sueles pasar más tiempo con tus amigos? (I)
- ¿Sueles salir con tus amigos y tu pareja al mismo tiempo? (Y con sus amigos, ¿salís?) (I)
- ¿Sientes que tu pareja te da tu lugar? (E)
- ¿Hacéis cosas con amigos? (E)
- ¿Preferís pasar tiempo juntos o con otras personas? (E)
- Si tenéis hijos y hacéis planes con amigos, ¿es solo con aquellos que tienen hijos como vosotros? (E)
- ¿Tu familia o su familia no respeta las normas de tu casa? (E)

Vuelvo a repetirte que no hay nada que esté mal o que esté bien, siempre y cuando tanto tú como tu pareja lo hayáis decidido así. Grábate esto a fuego.

Si dudas, te planteo la siguiente cuestión:

ME ESCUCHO: ¿CAMBIARÍA ALGO DE MI RELACIÓN?

Imagina que entras en una sala completamente vacía. Nadie sabe que estás allí. Tu pareja cree que estás trabajando porque es un momento en el que normalmente estás ocupada. Si tienes hijos, imagina que un profesional de confianza los cuida durante ese breve instante. En esa sala, hay una lámpara mágica. Solo tú estás allí, nadie puede escuchar ni sabrá nunca lo que digas o cómo lo digas. Ahora tienes la oportunidad de pedir un deseo sobre los límites en tu relación, ya sea sobre cómo os relacionáis entre vosotros o con los demás. Lo que sea, sin consecuencias. ¿Cambiarías algo?

Sé sincero contigo mismo. Estas situaciones imaginarias y «mágicas» a veces nos ayudan a ver con más claridad lo que realmente queremos. No hay nada ni malo ni bueno en lo que decidas, siempre que lo elijas tú.

Quizá durante años habéis disfrutado de pasar todo el tiempo posible juntos, pero llega un momento en el que empiezas a desear un poco más de espacio personal. No pasa absolutamente nada, es completamente normal. A veces, estos cambios pueden dar miedo porque se confunden con una pérdida de amor, pero no es así. Las personas estamos en constante cambio, nuestras necesidades evolucionan con el tiempo y no hay ninguna decisión de la que tengas que ser esclavo. Lo esencial en una pareja es la flexibilidad y comprensión ante esos cambios para aceptarlos o no.

Cuando no se deja ayudar

Volviendo al tema de las mochilas, una queja común que recibo es el agotamiento que siente la pareja que acompaña a alguien que está pasando por un mal momento. Es fundamental distinguir entre dos situaciones: por un lado, está el caso en el que tu pareja está enfrentando un bache y, a pesar de no ser fácil, está poniendo de su parte. A menudo, al principio, no todos estamos dispuestos a hacer ese esfuerzo, pero eso es positivo si ves que realmente hay un intento de avanzar. Por otro lado, está el escenario en el que asumes el papel de terapeuta, te pones su mochila y te haces responsable de sus dolores, su incapacidad para tomar decisiones y su mal humor. Y lo más preocupante es cuando, al sugerirle que busque ayuda, simplemente te dice que no. Esta dinámica es insostenible a largo plazo y, lo más importante, no es tu rol.

Es importante aclarar que aquí no estoy hablando de enfermedades físicas o mentales diagnosticadas. En esos casos, aunque la mejora depende en gran medida de la persona afectada, el tiempo de recuperación suele ser incierto y estar lleno de altibajos.

Entonces ¿qué sucede con aquellas personas que tienen problemas evidentes pero se niegan a recibir ayuda? A menudo son obvios porque no verbalizan lo que sienten, pero su comportamiento lo delata. Hay temas que no se pueden tocar sin que la otra persona se ponga a la defensiva, situaciones que generan discusiones y quejas, pero de las que no se puede reflexionar en profundidad.

Estas circunstancias son sumamente complejas. Por un lado, todos tenemos el derecho pleno y total de no querer hablar sobre nuestra vida, sobre lo que hemos vivido y cómo nos sentimos. Sin embargo, es vital recordar que todo tiene consecuencias, incluso las decisiones que tomamos para evitar ciertos temas. No hay problema si decido no hablar de un incidente que quedó encapsulado en mi historia y que no afecta a mi relación, como una pelea que tuve en una ciudad en la que no volveré a estar. Pero, en la mayoría de los casos, lo que elijo no discutir sí termina afectando a mi vida de alguna manera y eso se comunica de formas sutiles. Quizá mi humor cambia, me vuelvo más irascible o, simplemente, me desconecto y dejo de hablar.

Cuando decides no recibir ayuda, eso puede ser una elección consciente, pero las consecuencias suelen ser inconscientes, y a menudo tienen un impacto en tu compañero de vida. Como pareja, es fundamental respetar esa decisión, pero no tienes por qué tolerar que la carga recaiga sobre ti. Y, aunque puedas entender que tu pareja no quiera abrirse, eso no quita que te cause malestar.

Max era un chico que, al convertirse en padre, comenzó a experimentar cambios significativos en su comportamiento. Laura, su pareja, me comentó que, poco a poco, se fue encerrando en sí mismo, dedicando largas horas al bebé, pero en muchas ocasiones se mostraba aturdido y sufría ataques de ansiedad e insomnio. Estuvieron meses así y Laura llegó a un punto en el que ya no podía más. Max no compartía lo que sentía y su distancia se hacía cada vez más evidente. Laura se sentía profundamente sola e incomprendida durante el posparto y no sabía qué hacer.

Después de muchas súplicas, porque Laura veía el sufrimiento real de su marido, a quien amaba con todo su corazón, le puso un ultimátum.

En medio de un ataque de ansiedad, Max finalmente se abrió. Reveló que, al mirar a su hijo, recordó el abuso sexual que había sufrido en su infancia y que, al contárselo a su padre, este decidió restarle importancia. Al experimentar un amor tan profundo por su propio hijo, Max no podía entender que su padre no lo hubiera protegido. El nacimiento de su hijo reabrió heridas que él creía cerradas y su dificultad para procesar y comunicar estos sentimientos estuvo a punto de costarles la relación.

Las relaciones son complejas. A veces, nos enfrentamos a situaciones inesperadas que generan mucho dolor. En otras ocasiones, coincidimos en momentos vitales difíciles, lo que hace que ser un equipo se vuelva complicado, especialmente cuando ambos están al borde del agotamiento. El amor, la trascendencia y las bases de su relación ayudaron a Laura a sostener, hasta que no pudo más, las consecuencias inconscientes de la decisión de Max al no compartir con ella esa herida tan terrible.

Cuando eres la persona que ve el sufrimiento en tu pareja, que entiende que sus actitudes tienen una justificación por la herida, te conmueve y la compasión hace que aguantes. Pero recuerda, puedes comprender sin tener que tolerar. Puedes entender sin tener que soportar. Cada uno es responsable de sus propias heridas y esos cables sueltos que no queremos recoger van dando chispazos a personas que probablemente nos ayudarían encantadas a colocarlos en su sitio.

Cuando tu dolor también es mío: Los duelos

A lo largo de la vida que compartas con tu pareja, es probable que, además de las mochilas individuales que cada uno lleva, haya mochilas compartidas que contienen momentos y circunstancias que os afectan a ambos, como enfermedades o el duelo por la pérdida de un ser querido.

En estas situaciones, es fundamental que distingas y respetes los dolores de cada uno para evitar caer en la tentación de comparar o competir en atención y reconocimiento del sufrimiento. Por ejemplo, si después de diez años juntos a tu suegro le diagnostican una enfermedad terminal, el dolor de tu pareja se entrelaza con el tuyo. Juntos tendréis que navegar entre el dolor de una posible pérdida y la tristeza por la relación que cada uno tuvo con él. Ser generoso en momentos tan críticos es complicado, pero esencial. Es importante que lloréis juntos, que os sostengáis mutuamente y, si es necesario, que acudáis a apoyos externos —ya sean amigos o familiares— para poder estar más enteros cuando uno de los dos no puede con su propio dolor.

Un duelo especialmente delicado y común en España, que afecta entre el 10 y el 25 por ciento de las mujeres, es el aborto espontáneo. Esta experiencia, a menudo, conlleva una profunda desilusión para ambos miembros de la pareja, pero la mujer suele vivirlo con mayor intensidad. Esto se debe a que las mujeres tienden a involucrarse emocionalmente en la gestación desde etapas muy tempranas, ya que no solo experimentan los cambios físicos, sino también el proceso de anticipación y anhelo que acompaña a la maternidad. Esta conexión puede intensificar su experiencia de pérdida y hacerla más dolorosa que la de la otra parte de la pareja.

Si tu pareja ha sufrido un aborto y no comprendes del todo lo que esto representa para ella, lo más valioso que puedes hacer es escuchar sin juzgar y documentarte sobre el tema. Informarte es en sí mismo un acto de generosidad y amor. Escuchar a tu pareja cuando lo necesite y, al mismo tiempo, expresar tu propio dolor y expectativas frustradas es crucial. Compartir estas emociones en conjunto, entendiendo que, por lo general, uno de los dos puede estar más afectado que el otro, es una forma de construir puentes en un momento de fragilidad.

Quererme para que me quieran

«Si no te quieres, nadie te querrá». Detrás de esta frase hay mucha exageración, pero también se asoman verdades. Las personas que han sufrido suelen tener más posibilidades de hacer daño a los demás. Cuando sientes que el mundo está en tu contra, que todos son malos y tú eres la gran víctima de tus circunstancias, es fácil ver a los demás como parte de ese universo hostil en el que vives. Es probable que estas personas no lleguen a tu vida con un halo de luz, sino que despierten muchas alarmas de desconfianza.

Si ves a un animal peligroso que parece muerto, ¿no lo pincharías con un palo para asegurarte de que no se mueve? Hacemos lo mismo en las relaciones. Utilizamos mecanismos, tanto conscientes como inconscientes, para probar si alguien es de confianza de verdad. A veces, le damos con ese palo emocional o incluso montamos un espectáculo por cualquier cosa pequeña, todo para comprobar si esa persona se queda. Pero ¿es posible que alguien se detenga y sostenga tu enfrentamiento hasta que logres mostrar tus partes más suaves? Sí, pero definitivamente es un desafío mayor y menos probable. Así que tal vez es mejor trabajar en tu autoestima.

Entender la importancia de quererte a ti mismo es esencial para poder querer bien. Imagina que cada uno de nosotros lleva a cuestas una mochila llena de experiencias pasadas, heridas y traumas que hemos acumulado a lo largo de los años. Si no te has tomado el tiempo para abrir esa mochila y explorar lo que hay dentro, es probable que esas cicatrices afecten la forma en que te relacionas con los demás. Cuando no te valoras, puedes proyectar tus inseguridades y temores en tus relaciones, así como buscar constantemente pruebas de que los demás te aceptan. Pero, si trabajas en tu autoestima y te aceptas tal como eres, podrás ver a tu pareja con una mirada más clara y comprensiva. En lugar de utilizar ese palo emocional para probar la lealtad de otros, podrás construir una relación basada en la confianza.

El objetivo de amarte a ti mismo no es haber sanado todos tus traumas ni sentirte como una deidad del Olimpo en todo momento. Tampoco se trata de tener siempre una autoestima inquebrantable. Quererse implica conocerse y aceptarse, y esto último no es lo mismo que conformarse. Se trata de tener autocompasión y esforzarse por ser una buena persona, aunque imperfecta.

Todos llevamos dentro las cicatrices de guerras pasadas, que pueden activarse en momentos de conflicto presente. Es como sentir el dolor de las articulaciones antes de una tormenta o cuando llega la humedad, esas heridas se activan ante conflictos presentes como si las estuviéramos sintiendo por primera vez. Sin embargo, una cosa es cómo nos sentimos y otra distinta es cómo reaccionamos frente a lo que sentimos, por lo que no todo vale.

Antes de terminar con las mochilas y seguir con nuestro próximo tema, la comunicación, me gustaría que habláramos un poco de autoestima, porque tiene un enorme papel en el modo con el que lidiamos con nuestra propia carga y la de nuestra pareja.

Aunque pueda parecer que la autoestima solo tiene que ver con el individuo, en realidad influye muchísimo en las relaciones de pareja, por lo que es indispensable trabajarla si queremos parejas mejores o sentirnos mejor en el vínculo. Por ejemplo, con una buena autoestima no necesitas la validación constante ni poner a prueba a tu pareja para que te demuestre su amor. Tampoco tienes problemas a la hora de establecer límites claros porque eres consciente de lo que mereces y sabes comunicarlo y, además, sabes que eres digno del cariño del otro, por lo que no te contentas con unas miguitas.

«¿Cómo puedo tener una buena autoestima?», es la pregunta que más veces me han hecho a lo largo de mi vida profesional. «¿Cómo puedo quererme?». No hay una fórmula mágica para trabajar la autoestima ni es el objetivo de nuestro libro, pero sí es importante que conozcas cuáles son los elementos que componen una autoestima sana:

• **Autoconcepto:** Conozco todo lo que veo de mí y me esfuerzo por traer a la luz aquello que hago y que no entiendo, aquello que quizá tiene que ver con mi inconsciente, que hago «sin querer» o «sin pensar». Trato de entender el porqué y el para qué de lo que hago, con curiosidad. Mis objetivos sobre quién me gustaría ser son ambiciosos pero realistas, están alineados con mis gustos, miedos y circunstancias vitales, es decir, con mi yo.

• **Autoaceptación:** No me peleo ni lucho contra mí mismo constantemente. Comprendo que hay cosas que se me dan bien, otras que no tanto, heridas que a veces sangran y toman el control, baches en los que he tropezado más de una y de dos veces y acepto sin juzgar, pero con responsabilidad sobre mis actos y manteniendo un deseo paciente y respetuoso de mejorar.

• **Autorrespeto:** No me hiero con palabras ni con hechos, trato de ser mi mejor compañero en esta vida. Cuando soy dura conmigo, intento revertir las palabras y comprender mi situación. Me siento una persona válida y digna, importante para mí misma y para los demás (sean quienes sean).

• **Autocontrol:** Tengo la capacidad de gestionarme y de cuidarme. Siento dominio sobre mis propias acciones y trato de moverme en el mundo con coherencia entre lo que pienso, siento y hago. Practico el autocuidado y la disciplina con aquello que me hace bien, lo que es bueno para mí.

• **Autoafirmación:** Me siento con la libertad de poder ser yo y expresar mis opiniones. Tengo en cuenta el punto de vista ajeno y soy consciente de que para crecer necesito también del aprendizaje de los demás, pero me considero capaz, libre y con el derecho de poder tomar mis propias decisiones y expresar mis pensamientos.

• **Autorrealización:** Me pongo metas para trabajar en ellas, trato de cumplir objetivos realistas y tener gozo en ellos.

Si te fijas, la autoestima no consiste en tener un cuerpo perfecto o sentirte siempre fuerte y capaz. Se trata de partir de una base serena, donde reconozcas que eres una persona digna de amar y ser amada, especialmente por ti mismo. Implica sentir que puedes gestionar tus emociones, tus objetivos y tus metas en la vida; que eres capaz de expresar tus pensamientos, emociones y creencias en público; y que trabajas por lo que deseas porque confías, en mayor o menor medida, en tus capacidades para lograrlo.

Sin embargo, no siempre te sentirás alineado con todo eso. La vida es larga y está llena de momentos de esplendor y de etapas sombrías. En esos baches es probable que no te sientas tan capaz. Aun así, incluso en esas circunstancias, en las que todo está a oscuras, sigues mereciendo amor, respeto, escucha, admiración y cuidado. Y, en esos momentos, la pareja puede ser un bálsamo reparador.

Después de haber leído sobre los distintos componentes de la autoestima, te animo a que reflexiones acerca de la tuya. Al realizar el siguiente ejercicio, quizá te des cuenta de que tienes que ajustar tus objetivos a la realidad o afianzarlos.

ME ESCUCHO: ¿CÓMO ES MI YO IDEAL?

Lee con atención estas preguntas e intenta responderlas con la máxima sinceridad posible:

- ¿Si tuvieras que describir a tu «yo» ideal, con una autoestima como la que deseas conseguir, cómo sería? Describe sus pensamientos, su postura, sus creencias, sus emociones, su físico…
- Si llegases a tener la autoestima de tu yo ideal, ¿qué cosas distintas harías que no haces hoy?
- Si tuvieras esta autoestima, ¿cómo sería un día en tu vida? Describe todo lo que harías desde por la mañana hasta por la noche. ¿Qué pensamientos tendrías y cómo te sentirías en cada momento?

Aunque pueda dar pereza o parecer innecesario, sin un mínimo de autoconocimiento y trabajo personal es muy difícil construir relaciones sanas. La relación contigo misma es la base de la relación con el otro y, si tú misma no te tratas con respeto, es fácil que permitas que los demás sean irrespetuosos contigo.

LO QUE HEMOS APRENDIDO

♥ Cada persona carga una «mochila» llena de experiencias pasadas, heridas y traumas. No es saludable esperar que la pareja cargue con esos problemas, sino que cada uno debe responsabilizarse de sus propias mochilas.

♥ Intentar salvar o asumir la responsabilidad de los problemas emocionales de la pareja puede crear una dinámica tóxica de codependencia. El papel de la pareja no es «salvar», sino acompañar y apoyar.

♥ Cada pareja establece límites entre su individualidad y la conexión con los demás y estos límites son flexibles a lo largo del tiempo.

♥ En las relaciones es importante reconocer y respetar tanto el sufrimiento individual como el compartido, dando apoyo sin dejar de lado el propio bienestar emocional.

♥ La autoestima desempeña un papel crucial en las relaciones, ya que las personas con baja autoestima tienden a buscar validación constante y a proyectar inseguridades, mientras que una autoestima sana permite construir relaciones más confiables y equilibradas.

Capítulo 5
Comunicarse es cosa de dos

En el capítulo anterior ya hemos visto que saber comunicar es clave a la hora de no cargar a tu pareja con las piedras que llevas en tu mochila. Todos traemos nuestras propias heridas, experiencias y aprendizajes a una relación, pero pueden terminar pesando demasiado si no los compartimos de manera clara y honesta. A veces, por evitar el conflicto, eliges tragarte lo que te duele o te molesta. Pero el problema es que lo que no se dice no desaparece y suele salir de formas menos controladas, lo cual causa más daño del que habrías querido evitar.

Parte de esta dificultad para comunicarte bien puede venir de la falta de herramientas que has tenido para hacerlo. No es algo que nos enseñen de pequeños, ¿verdad? No nos explicaron cómo expresar lo que sentimos ni cómo escuchar con atención. Y esto nos afecta mucho más de lo que crees. Tu forma de comunicarte impacta no solo en cómo te relacionas con los demás, sino también en cómo te percibes a ti mismo. La autoestima y la forma en que nos expresamos van de la mano. Cuando no tienes seguridad en ti, puede que sientas que no

Tu forma
de comunicarte
impacta no solo
en cómo te
relacionas con
los demás, sino
también en cómo
te percibes a ti
mismo.

tienes derecho a decir lo que te pasa o que creas que te van a juzgar o rechazar si lo haces.

Sin embargo, la falta de una buena comunicación no solo afecta a tu confianza, también influye en la calidad de tus relaciones. Si no sabes expresar lo que necesitas o cómo te sientes, ¿cómo va a saber tu pareja qué es lo que realmente te preocupa? Ocurre lo mismo a la inversa: si no aprendes a escuchar de forma activa, puede que te pierdas los mensajes importantes que te está enviando la otra persona.

Para mejorar la comunicación con tu pareja, el primer paso es que reflexiones sobre cómo lo estás haciendo tú. La manera en que hablas y cómo usas las palabras en tu discurso están marcadas por tu historia personal, por la familia en la que creciste y por las experiencias que has vivido. Puede que hayas aprendido a callar para evitar problemas o que estés acostumbrado a alzar la voz para que te escuchen. Sea como sea, es fundamental que te preguntes cómo te comunicas y cómo afecta eso tu relación.

ME ESCUCHO: ¿CÓMO SE COMUNICA MI FAMILIA?

Reflexiona acerca de tu familia de origen o del lugar en el que te has criado y responde a las siguientes preguntas:

- ¿Cómo se comunica tu familia?
- ¿Se podía hablar de todo o había temas tabú?
- ¿Sentías que tus emociones y vivencias eran importantes?
- ¿Podías expresarte libremente?

- ¿Cómo se gestionan los conflictos en familia?
- ¿Alguna vez has visto a tus padres o cuidadores pedirse perdón?
- ¿Alguna vez te han pedido perdón a ti?

ME ESCUCHO: ¿CÓMO SE COMUNICAN MIS AMISTADES?

Después de la familia, nuestros amigos son una de las relaciones más importantes a medida que crecemos. Reflexiona un momento sobre cómo ha sido y es la comunicación en tus amistades, y responde a las siguientes preguntas:

- Si echas la vista atrás, ¿recuerdas cómo te comunicabas con tus amigos? ¿Cómo era la dinámica de comunicación entre ellos?
- Cuando surgían desacuerdos o alguien se molestaba, ¿cómo se resolvía? ¿Se pedía perdón? ¿Se perdonaba? ¿Sentías que se podía reparar y recuperar la confianza después de un conflicto?
- ¿Te sentías seguro y en confianza para expresar tus necesidades y opiniones dentro de tu grupo de amigos?
- En los momentos importantes o difíciles, ¿sentías que te escuchaban y que tus amigos valoraban lo que tenías que decir?

100

ME ESCUCHO: ¿CÓMO ME COMUNICO CON MIS PAREJAS?

Ahora toca reflexionar sobre uno de los vínculos más importantes: la relación de pareja. Tómate un momento para pensar en cómo te has comunicado en tus relaciones sentimentales y responde a las siguientes preguntas:

- Si piensas en tus primeras relaciones, ¿cómo te comunicabas con tus parejas? ¿Cómo expresabas tu amor, tus desacuerdos o algo que te molestaba?
- ¿Te sentías libre para expresar tus necesidades y emociones? ¿Te sentías escuchado y atendido?
- ¿Cómo solían gestionarse los conflictos? ¿Se pedía perdón, se reparaba el daño, se recuperaba la confianza?

Una vez hayas reflexionado a nivel individual, te recomiendo que compartas tus respuestas con tu pareja actual. Es una gran oportunidad para que ambos comprendáis de dónde venís, qué habéis aprendido y cómo habéis vivido la comunicación en el pasado. Esto os ayudará a entender mejor vuestras dinámicas actuales y a conectar de una manera más profunda y auténtica.

Responder *versus* reaccionar

Marta ha tenido un día agotador en el trabajo y lo único que desea es llegar a casa, desconectar y descansar. Pero, nada más abrir la puerta, se encuentra con los zapatos de su pareja en medio del recibidor. Resopla y los aparta con el pie. Al ir a la cocina a por un vaso de agua, descubre que la taza de café de la mañana sigue en el fregadero. «¡Solo le ha pasado un agua! ¿Qué le costaba meterla en el lavavajillas?», piensa Marta. Camino del dormitorio, se encuentra con el mono de trabajo sucio de su pareja sobre la silla y, como guinda, los calzoncillos tirados en el suelo. Ahora sí que está enfadada. Así que, cuando él sale del baño, no puede más y le suelta: «¡Siempre tengo que andar detrás de ti como si fuera tu madre!».

Aquí, Marc, su pareja, tiene dos opciones: reaccionar o responder. Y esta diferencia es clave. A menudo, cuando algo nos toca la fibra, solemos reaccionar con el piloto automático. Es como un reflejo. Si algo te sorprende, abres los ojos y la boca. Si te da vergüenza, bajas la mirada. Es casi inevitable.

Pero responder es otra cosa. Responder implica detenerte un segundo y elegir cómo quieres actuar o qué vas a decir. No es impulsivo, sino consciente. Claro, a veces reaccionar nos viene bien, nos ayuda a protegernos. Si sentimos miedo, lo lógico es huir. Si estamos enfadados, la reacción más primaria sería atacar para defendernos. Pero, cuando se trata de nuestras relaciones, sobre todo con quienes queremos, reaccionar sin pensar puede ser un gran riesgo.

Volvamos a Marc. Él sale de la ducha relajado y se encuentra con una Marta furiosa y gritándole. En ese momento, se siente atacado y su malestar crece. Quizá en su cabeza surja un pensamiento como: «¡Siempre me está criticando!» y ese pensamiento viene acompañado de una ola de enfado. Es muy fácil que, en ese instante, con ese combo de emociones

COMUNICARSE ES COSA DE DOS

y el cuerpo alterado, Marc reaccione con agresividad. Pero aquí entra en juego el autocontrol, porque ¿de verdad sirve de algo entrar en una pelea así? Yo creo que no.

ME ESCUCHO: ¿CÓMO GESTIONO MIS REACCIONES?

Te propongo un ejercicio que me enseñó mi compañera Patricia Arenas y que considero fenomenal para entender cómo gestionamos situaciones de conflicto en nuestras relaciones. Este análisis funcional te ayudará a observar qué estrategias estás utilizando y si realmente te están funcionando o no.

Importante: Si decides hacerlo con tu pareja, trata de abordarlo desde una postura constructiva, con curiosidad. El objetivo no es juzgar, sino entender mejor por qué actuamos como lo hacemos y buscar formas más saludables de comunicarnos. Recuerda, esto es un ejercicio para mejorar, no para señalar culpables.

1. Describe la situación: Da el máximo de detalles posibles. ¿Dónde estabas? ¿A qué hora ocurrió? Describe el contexto.
2. Malestar: Anota los pensamientos, emociones y sensaciones físicas que tuviste en ese momento. Es fundamental hacerlo lo más cerca posible del suceso, para que no pierdas de vista aspectos importantes.
3. Conducta: ¿Cómo reaccionaste? Puede ser verbal (gritar o discutir) o no verbal (castigar con el silencio o marcharte).

4. Consecuencias inmediatas: ¿Qué lograste al reaccionar de esa forma? ¿Te sentiste aliviado? ¿Qué beneficio obtuviste en el corto plazo?

5. Consecuencias a medio o largo plazo: ¿Te ayudó esa reacción a resolver la situación? ¿Cómo afectó a tu pareja y a tu relación a lo largo del tiempo?

Te dejo esta tabla de referencia para que la puedas copiar y rellenar a tu gusto. Ocupa el espacio que necesites para cada recuadro.

Situación	Malestar	Conducta	Consecuencias inmediatas	Consecuencias a medio-largo plazo

Pero esto no acaba aquí. Este ejercicio es solo el comienzo para entender nuestras reacciones, pero se queda corto si no buscamos alternativas más constructivas. Una vez hayas analizado tu reacción, te invito a reflexionar junto con tu pareja sobre cómo podríais gestionar estas situaciones de una manera más cercana y saludable.

A partir de la tabla, responde a estas preguntas:

1. ¿Qué te hace sentir así en esa situación? (Esto te ayudará a entender mejor la perspectiva del otro).

2. ¿Qué te ayudaría a ti en esa situación?

3. ¿Qué puedo hacer para que te sientas con más [rellenar con emoción positiva]?

4. ¿Qué te gustaría lograr en cuanto a las consecuencias?

5. ¿Cómo podríamos abordar la situación de otro modo para sentirnos más unidos en lugar de alejarnos?

Te aseguro que lo más importante en la comunicación es que el receptor entienda el mensaje tal como lo deseas transmitir. ¿No te ha pasado que le cuentas una cosa a tu pareja y, al terminar, te responde algo que no tiene nada que ver con lo que has dicho? ¿O que te dice algo que parece fuera de lugar? Es curioso, ¿verdad? A veces, aunque tengamos todo claro en nuestra cabeza y nos expresemos con coherencia, la otra persona puede no recibirlo de la misma manera.

Por eso, aquí te dejo una pregunta clave que te ayudará a evitar muchos malentendidos: cuando termines de expresar lo que necesitas, pregúntale a tu pareja: «¿Qué has entendido de lo que acabo de decir? Me gustaría saber si estamos alineados». Puede parecer una pregunta sencilla, incluso sin peso emocional, pero al interesarte por lo que tu pareja ha entendido, estás abordando el tema como un equipo. Estás creando una estrategia conjunta y dejando a un lado tu ego. Este tipo de diálogo permite aclarar los posibles filtros que pueda tener tu pareja sobre la conversación y es una muestra de generosidad. ¡Es una pregunta poderosísima!

En cambio, si eres el receptor del mensaje y lo que escuchas no te cuadra, o si sientes que te incomoda, no dudes en pedir aclaraciones. Antes de reaccionar, asegúrate de que lo que has entendido es, en realidad, lo que tu pareja quería decirte. Puedes hacerlo así: «Lo que acabo de escuchar o lo que entiendo que me estás diciendo es _____. ¿Lo he entendido bien?».

A continuación, te ofrezco una selección de los problemas de comunicación más habituales, para que puedas ver posibles soluciones o herramientas para resolverlos.

Nos cuesta ser vulnerables el uno con el otro

En una sesión de terapia de pareja, les pedí a Ane y a John que puntuaran el progreso de su relación del 1 al 10 desde que empezamos el proceso terapéutico. Ane, que viene de un país donde la expresión de emociones es mucho más abierta e intensa, está acostumbrada a discutir (siempre sin faltas de respeto), a afrontar conflictos y a navegar por los espacios grises de una relación. Además, su personalidad es inquieta y directa.

Por otro lado, John es más sosegado. En su familia jamás se ha alzado la voz. Es extremadamente educado, incluso para pedirte el salero. No recuerda haber tenido una discusión en casa y, si alguna vez ocurrió, fue en un ambiente tranquilo y respetuoso.

En esa sesión, Ane se adelantó y puntuó su relación con un 7, satisfecha por cómo estaban resolviendo los conflictos y por las herramientas que habían aprendido. Miró a John con amor, pero él, en cambio, comenzó mencionando que «recientemente» habían tenido dos discusiones fuertes que le habían afectado. Antes de que pudiera terminar, Ane le lanzó una serie de preguntas: «¿Cuándo? ¿Por qué fue? ¿En qué momento? ¿Y qué pasó?». Se notaba que su reacción era intensa y que la respuesta de John no le había sentado bien. El problema radicaba en que, para Ane, la palabra «recientemente» (la cual puso entre comillas) le parecía injusta, ya que esas discusiones habían ocurrido hacía dos meses. John trató de restarle importancia a la situación, pero ella lo interrumpió e insistió en querer saber más.

Mientras observaba la dinámica, noté que estaban divagando en otros conflictos pasados y sentí la frustración de ambos. Con mucho cariño, le señalé a Ane su reacción. En ese momento, se emocionó y compartió que lo que había dicho John había tocado una herida muy profunda. Desde pequeña, nunca había recibido un reconocimiento positivo sin que antes viniera una crítica. Era como si siempre le dijeran que «nunca era suficiente». Cuando escuchó eso, John la validó y le expresó todo lo que querría haber dicho después, que era bueno. Al terminar, añadió: «Nos cuesta mucho ser vulnerables el uno con el otro».

Es importante entender que no es responsabilidad de John traducir la reactividad de Ane. No le corresponde a él descifrarlo y exclamar: «Oh, está reaccionando así porque le habré herido». No le toca a él leer entre líneas. ¿Que un día lo hace? Estupendo, pero no es su responsabilidad. La principal responsable de observar su propio cuerpo y reacciones es Ane, al igual que John debe hacerlo con las suyas.

Las luchas de titanes, esas discusiones cargadas de tensión, no llevan a ninguna parte. Si alguna vez has sido testigo de peleas de pareja que escalan (gritos, insultos, golpes en los muebles o portazos), seguro que has sentido la gran pérdida de tiempo que suponen. Cuando dos personas se conectan con la rabia, es muy probable que esa emoción esté tratando de proteger sentimientos más vulnerables. Imagina a una mamá leona con sus cachorros: si percibe un peligro, lo primero que hará es colocar su cuerpo delante de ellos y gruñir. Cuando nuestra pareja toca un botón que activa viejas heridas, la ira puede surgir como un mecanismo de defensa, cubriendo esa tristeza que nos duele. Este proceso ocurre en cuestión de segundos; algunas personas reaccionan rápidamente, otras se bloquean y algunas no han tenido espacio en su vida para mostrar su ira y se hacen pequeñas en las discusiones.

Cuando entramos en una lucha de egos, el enfado se intensifica y olvidamos por un momento que esa persona frente a nosotros es nuestra pareja y que la queremos. Es como un partido de tenis: las respuestas se vuelven cada vez más cortas e hirientes, se alejan del motivo original del conflicto y se centran en herir al otro. Por eso quiero ofrecerte una herramienta que te ayudará a desconectar de ese juego y a reconectar con la realidad.

ME ESCUCHO: ¿CÓMO EXPLORO MI VULNERABILIDAD?

Te propongo un ejercicio que se centra en la vulnerabilidad. Te ayudará a reflexionar sobre tus experiencias de conexión emocional.

1. Identifica un espacio seguro o de calma. Piensa en una o varias experiencias agradables en las que compartiste tus sentimientos y emociones.
   - Aspectos relevantes: ¿Qué características identificas en esa situación? ¿Qué había en el entorno y quiénes te rodeaban?
   - Sensaciones en el cuerpo: ¿Dónde sentiste esa sensación de seguridad en tu cuerpo? ¿Qué notabas físicamente?
   - Comportamientos que reforzaron esa sensación: ¿Qué acciones, tanto verbales como no verbales, realizó la otra persona que fortalecieron esa sensación de calma?
   - Demostraciones de honestidad, amabilidad y empatía: ¿Cómo manifestasteis entre vosotros esa honestidad y apoyo mutuo?
   - Percepción de un espacio sin juicios: ¿Cómo sentiste que era un entorno libre de juicios?

2. Comparte tu experiencia con tu pareja. Puede que a ella le pase desapercibido lo que para ti es significativo. Si tú no lo haces evidente, ¿quién lo hará? Abre el diálogo y explora juntos.

Si te cuesta recordar momentos de seguridad o calma, no te preocupes. Puedes reflexionar sobre experiencias negativas. En ese caso, al responder las preguntas, invierte el enfoque. En lugar de preguntarte dónde sentiste seguridad en el cuerpo, pregúntate dónde sentiste inseguridad. Esto te ayudará a entender mejor las circunstancias en las que no te sentiste a salvo.

No me siento vista ni escuchada

Esta es una de las frases que más a menudo escucho en mis redes sociales. No hay nada más doloroso que sentir soledad, incluso cuando estamos acompañados por alguien que ha elegido estar a nuestro lado y que nos quiere. Esta persona debería ser quien más nos vea y reconozca. ¿De qué maneras podemos sentir que no somos vistos?

• **Cuando no se considera nuestra opinión** en decisiones importantes de su vida.

• **Cuando no muestra interés** en lo que le contamos. Por ejemplo, se distrae mirando el teléfono mientras hablamos, responde con monosílabos, cambia de tema o nos interrumpe.

• **Cuando falta el cariño diario**, como besos, caricias o abrazos.

• **Cuando no pregunta cómo estamos** en realidad.

- **Cuando hace planes sin incluirnos.**
- **Cuando prefiere salir con sus amigas** en lugar de pasar tiempo contigo.
- **Cuando su vida gira en torno al trabajo**, y deja poco espacio para la relación.
- **Cuando prioriza a los demás** en sus decisiones, planes e ideas.

A menudo, son pequeños detalles los que pueden generar un profundo y doloroso sentimiento de soledad. Por suerte, hay formas de contrarrestarlo, las cuales pueden fortalecer la conexión emocional de la pareja.

Los antídotos de la soledad

- **Gratitud:** Varios estudios de la Universidad de Illinois en Urbana-Champaign han explorado que la gratitud percibida impacta la calidad de las relaciones de pareja. Los hallazgos indican que las personas que se sienten valoradas por sus parejas disfrutan de una mayor satisfacción, compromiso y capacidad para enfrentar estresores, como la comunicación ineficaz o problemas financieros. La gratitud, tanto expresada como percibida, refuerza la estabilidad de la relación a lo largo del tiempo.

Podemos practicar la gratitud a diario con gestos sencillos, pero para ello es crucial estar atentos a lo que hace nuestra pareja, así como mantener una actitud positiva y abierta. Agradecer por lo que parece cotidiano, por lo pequeño y por lo grande, es una forma poderosa de fomentar la intimidad emocional. Un simple mensaje de texto, una nota o una expresión verbal de agradecimiento pueden tener un gran impacto.

- **Escucha activa:** Escuchar requiere generosidad, ya que habrá temas que pueden no interesarnos o que no comprendamos del todo. Lo esencial es recordar que cuando tu pareja se abre y comparte algo, ese momento no se trata de ti. Tu opinión, a menos que te la soliciten, no es relevante. En esos instantes, lo más hermoso y generoso que puedes ofrecer es tu atención y esto solo se logra si tu cuerpo está presente. Distracciones como la televisión, un libro o el teléfono impiden una escucha auténtica, y tu pareja lo notará. Una mirada atenta y un cuerpo que escucha crean un ambiente donde de verdad nos sentimos vistos y, por ende, reconocidos y especiales.

A menudo se presenta un cliché sobre las diferencias entre hombres y mujeres que he observado en terapia (aunque cada vez se dan menos): surge un conflicto cuando una mujer expresa un problema que no está relacionado con la relación y su pareja masculina asume que debe ofrecer una solución. En el libro *Los hombres son de Marte y las mujeres de Venus*, John Gray menciona que los hombres se sienten válidos en la relación cuando son útiles. Esta percepción, sumada a las diferencias culturales en la educación emocional, podría explicar por qué muchos hombres intentan solucionar los problemas de sus parejas en lugar de limitarse a escuchar. Sin embargo, mi experiencia me lleva a la conclusión de que solo necesitamos soluciones cuando se nos piden. Lo que de verdad requerimos es solidaridad y comprensión para escuchar y mostrar interés.

Quizá dudes ahora: «¿Y cómo se muestra interés?». Por ejemplo, puedes preguntar:

— «**¿Cómo te sentiste?**»: Esto te ayudará a desarrollar empatía, aunque no lo comprendas. Incluso podrías añadir: «Siento mucho que te sintieras así».

— «**¿Has pensado en hacer algo al respecto?**».

— «**¿Cómo puedo ayudarte?**».

• **Expectativas realistas:** A menudo, nos creamos expectativas incluso en las cosas más pequeñas. Por ejemplo, cuando compro un electrodoméstico, espero que funcione al menos durante el tiempo que dura la

Tu opinión, a menos que te la soliciten, no es relevante.

garantía. Tener expectativas no es algo negativo, sino que son parte natural de nuestros deseos, pero hay que tener cuidado con esto. El verdadero problema surge cuando esperamos reacciones de nuestra pareja que no son realistas, ya sea porque no se alinean con su personalidad o porque asumimos que deben adivinar lo que necesitamos.

Es fundamental recordar que tu pareja tiene su propia vida. Cada día se enfrenta a sus propios problemas, incertidumbres y preocupaciones. Por ello, si está en el trabajo y no te envía ese mensaje que esperabas, no significa necesariamente que no te quiera o que no piense en ti. Del mismo modo, si al llegar a casa no te ofrece ese abrazo que has anhelado durante todo el día, no implica que no esté contento de verte.

Es probable que, en mayor o menor medida, experimentes frustración cuando tus expectativas no se cumplan. Puede parecer que lo que deseas es evidente, pero si no se materializa, podrías sentirte decepcionado, mientras que tu pareja podría quedar confundida por tu reacción. En esos momentos, es crucial practicar la humildad: reflexiona sobre la raíz de tu enfado, asúmelo como tu responsabilidad y, si es necesario, pide disculpas. Expresar tus necesidades de manera oportuna es esencial, y recuerda que no puedes esperar que tu pareja adivine lo que no has dicho.

• **Desarrollar empatía:** A menudo tendemos a sobrevalorar nuestros propios esfuerzos mientras subestimamos lo que hace nuestra pareja. Nos pasamos todo el día con nosotros mismos, plenamente conscientes de nuestros sacrificios, esfuerzos y luchas. Desde esta perspectiva, creemos tener una visión completa de lo que nuestra pareja hace y también de lo que no hace. Demandamos que nos entiendan y que se pongan en nuestro lugar; sin embargo, cuando sentimos que no lo hacen, nos inunda una profunda sensación de soledad e injusticia. Es natural desear ser vistos y comprendidos, así como que se reconozcan nuestros esfuerzos, que a menudo pueden parecer abrumadores. Pero no debemos olvidar que, si no hacemos el mismo esfuerzo hacia nuestra pareja, caemos en la injusticia.

Recuerdo un momento en que Mar, una de mis pacientes, le dijo a su pareja Lucas después de un día muy complicado: «Cariño, necesito que me ayudes a reconocer todo lo que haces, tus esfuerzos y sacrificios diarios. No quiero ser injusta contigo y estoy comenzando a compararme y sentir que yo doy mucho más. Estoy segura de que no veo la mitad de lo que tú haces».

Puede que te parezca un planteamiento inusual, pero a mí me pareció extraordinariamente tierno y considerado. Mar podría haber alimentado esa sensación de comparación hasta transformar su relación en una competición, y eso habría desencadenado una conversación llena de reproches. Sin embargo, eligió mostrar su vulnerabilidad, ser honesta y solicitar la ayuda de su pareja.

No sabe pedir perdón ni perdonar

Aunque a veces se sienta como una carga, pedir disculpas y perdonar pueden ser herramientas poderosas que fortalecen la conexión emocional entre las parejas. Estudios recientes han demostrado que pedir disculpas no solo puede aliviar tensiones, sino que también tiene beneficios a largo plazo en la resolución de conflictos y en la satisfacción de la relación.

Por ejemplo, un estudio de 2021 publicado en el *International Journal of Applied Positive Psychology* resalta que una disculpa sincera incrementa la intimidad emocional y ayuda a mitigar los efectos negativos de los conflictos, sobre todo cuando se acompaña de empatía y reconocimiento del error. Además, las parejas que practican una comunicación saludable, incluyendo el arte de pedir perdón, experimentan menos estrés y desarrollan una mayor resiliencia.

Sin embargo, es importante matizar que no siempre pedimos perdón con la intención de «reparar el daño» o aprender de la situación. A veces, pedimos disculpas porque entendemos que es lo correcto, pero eso no es suficiente. Si el perdón no nace de una intención auténtica, no sirve de mucho. Lo mismo sucede con el acto de «perdonar», que a menudo se presenta como algo absolutamente necesario para «liberarse y sanar». Si no te sale de dentro perdonar, no lo hagas. Obligarte a perdonar porque la sociedad te dice que es lo que debes hacer solo te llevará a sentirte culpable y a generar más confusión.

Entonces ¿cómo saber si un perdón es verdadero? Basándome en el libro del psicólogo Gary Chapman, titulado *Los cinco lenguajes de la disculpa*, quiero explicarte las claves de un perdón genuino:

1. El perdón real expresa arrepentimiento. Esto significa que debe ir acompañado de la disculpa y del acto que la motivó. Por ejemplo: «Te pido perdón por haberte gritado».

2. El perdón real acepta y expresa la responsabilidad de los actos. No hay lugar para minimizaciones ni justificaciones. Un ejemplo claro sería: «No hay excusas, me equivoqué y lo asumo».

3. El perdón real va acompañado de un plan de cambio. No solo se piden disculpas, también se debe proponer un plan de acción para evitar que la situación se repita. Por ejemplo: «De ahora en adelante, cuando vea que no sé cómo gestionar mi ira, me alejaré un momento y te avisaré. Lo hablaremos cuando esté más tranquilo».

4. El perdón real trata de reparar el daño. Esto significa que es importante contar con la opinión de la otra persona sobre cómo se puede sanar el daño causado.

5. El perdón real da espacio y tiempo a la persona. Por muy bien que se haya hecho todo lo anterior, no sirve de mucho si se presiona a la otra persona para que perdone de inmediato o para que «todo vuelva a ser como antes» en ese instante. Un buen ejemplo sería: «Quiero pedirte perdón por haberte gritado. Tómate el tiempo que necesites para hablarlo y solucionarlo».

LO QUE HEMOS APRENDIDO

♥ La falta de comunicación honesta puede acumular tensiones en la relación, ya que lo que no se expresa puede salir de forma dañina en momentos inesperados.

♥ Es crucial reflexionar sobre la historia personal de comunicación en la familia, amistades y parejas anteriores. Esto ayuda a comprender los patrones aprendidos y el impacto que tienen en la relación actual.

♥ La diferencia entre responder y reaccionar es clave en la comunicación. Reaccionar puede llevar a respuestas impulsivas que dañan la relación, mientras que responder implica detenerse y elegir la mejor manera de actuar.

♥ La dificultad para ser vulnerables en la relación puede dar lugar a discusiones cargadas de tensión que no resuelven los problemas subyacentes. Es importante desarrollar la empatía, la escucha activa y la gratitud, así como saber pedir perdón.

Capítulo 6
Discutir menos y discutir mejor

A lo largo de una relación de pareja, es inevitable que surjan discusiones. Es algo completamente normal. Por muy bien que conecten las personas que forman el vínculo, siempre existirán diferencias, pequeños roces y puntos de vista opuestos. Sin embargo, más allá de los motivos que desencadenan esas discusiones, lo que suele causar más daño es cómo se discute.

Cada uno interpreta la palabra «discutir» de manera distinta. Lo que para una persona es un simple intercambio de opiniones, para otra puede convertirse en una confrontación acalorada. Mientras que alguien puede hablar con pasión y defender sus ideas con vehemencia, su pareja puede verlo como una agresión verbal. En este terreno es fácil sentirnos incomprendidos, por lo que prestar atención a cómo discutimos es crucial para evitar malentendidos innecesarios.

Déjame contarte una historia. Hace unos años, mientras estaba en Argentina participando en una misión de voluntariado, viví una situación que ilustra muy bien lo que te estoy contando. En mi primer día en Ñu Pora, donde estaba mi casita, vi a muchos perros callejeros. Instintivamente, intenté acercarme a ellos con el típico sonido que usamos en España: besitos al aire. Aquí los perros suelen acercarse, pero allí sucedió lo contrario, salieron corriendo despavoridos. Mi compañera, que era una amante de los animales, me miró sorprendida y no entendía por qué había hecho ese ruidito. Yo, también descolocada, le pregunté si la gente maltrataba a los perros en esa zona. Su expresión de extrañeza me hizo darme cuenta de que algo no encajaba, así que le pedí una explicación. Fue entonces cuando me contó que allí ese mismo sonido se utiliza para ahuyentar a los perros. Mismo gesto, significados totalmente opuestos.

Ahora, imagínate esta situación: acabas de empezar a vivir con tu pareja y has tenido un mal día en el trabajo. Él te pregunta cómo ha ido y tú le respondes con un «muy mal», mientras te sientas en el sofá con la mirada triste, esperando que venga a consolarte, a abrazarte y a estar a tu lado. Pero él, en lugar de eso, se dirige a la cocina a prepararse algo y te invita a seguir contándole lo sucedido. Para ti, ese «muy mal» significaba: «Ven, abrázame, te necesito». Para él, significaba: «Te doy tu espacio, pero estoy aquí y me importa lo que te pasa». Mismo gesto, distintos significados. Él necesita espacio personal cuando estás triste; tú, cercanía y afecto físico.

Coincidir en el lenguaje comunicativo

El problema en la comunicación no solo reside en cómo se dicen las cosas, sino en cuando las personas no coinciden en su forma de comunicarse. No hablar el mismo «idioma» es lo que causa la mayoría de los conflictos en las relaciones. Lo más importante de una relación exitosa no es cuánto poco se comuniquen, si no que coincidan en necesidades comunicativas. Te lo digo tras haber acompañado a muchas parejas que gestionan los problemas de maneras que quizá yo, como Alicia, como

No hablar el mismo «idioma» es lo que causa la mayoría de los conflictos en las relaciones.

pareja y como persona, no consideraría adecuadas, pero que, por curioso que pueda parecer, para ellas funcionan a la perfección.

Un ejemplo del mismo estilo de comunicación son Javi y María. Cuando discuten, prefieren dejar pasar el asunto hasta que ambos se calman. La mayoría de las veces, ni siquiera vuelven a tocar el tema, a menos que se convierta en algo recurrente y requiera una solución. Esto no significa que discutan poco, sino que, en cuanto detectan una posible disputa, se callan y se dan espacio hasta que se serenan. Si les preguntas por separado cómo se sienten en su relación, te dirán que maravillosamente bien. Para ellos, no es necesario hablar de todo. En este aspecto, coinciden a la perfección.

Por otro lado, está el caso de Cristian y Lucía. Su estilo de comunicación es lo que podríamos llamar «de mecha corta». Sus discusiones escalan de cero a cien en cuestión de segundos. Se gritan durante unos pocos minutos y, después de un rato, vuelven a estar bien. Es cierto que se gritan y que no es lo ideal; no se mantienen serenos ni se miran con cariño mientras discuten. Pero, si les preguntas, te dirán que, aunque no sea la forma más pacífica, esa es su manera de gestionar los conflictos y no les supone un problema. Coinciden.

En cambio, Marta y Manuel hablan idiomas diferentes cuando se trata de discutir. Marta tiene una respuesta más ansiosa ante los conflictos y necesita resolverlos cuanto antes, pues está convencida de que cuanto más rápido se hable menos durará el malestar. Manuel, por su parte, prefiere bajar la intensidad antes de poder abordar el tema, ya que las conversaciones incómodas le agobian y tiende a evitarlas. Aquí no coinciden y eso les genera angustia.

De nuevo, el verdadero problema no es cómo se dicen las cosas, sino que los integrantes de la pareja coincidan o no en el lenguaje comunicativo y en las estrategias a la hora de afrontar los problemas. No existe una única manera «correcta» o infalible de tener conversaciones incómodas, aunque podríamos decir que sí que existe una manera ideal basándonos en la evidencia. A nadie le gusta que le griten ni que le falten al respeto. Lo ideal sería hablar siempre de manera calmada y neutral. Y no lo digo yo, lo dice el cuerpo: nuestras reacciones físicas ante la agresividad de los demás no dejan lugar a dudas. Sin embargo, si tu forma de discutir no es la ideal, eso no significa que sea un problema, siempre y cuando nadie en la pareja se sienta mal. Pregúntate:

• ¿La forma en la que discutes con tu pareja te hace sentir incómodo, triste, poco respetado, abandonado o herido?

Si es así, puede que estés forzándote a hablar en un «idioma» que no te corresponde, mientras dejas de lado el tuyo. En cambio, si a ninguno de los dos os incomoda, significa que habláis el mismo idioma.

Volvamos al caso de Marta y Manuel. Desde mi perspectiva como psicóloga, ¿a quién crees que sería más útil empezar a tratar? ¿A Marta, que necesita una solución inmediata y al parecer está sufriendo más, o a Manuel, que se siente agobiado y tiende a evitar el conflicto? Ambos se sienten ignorados y con sus necesidades insatisfechas. «¿Por qué no puedes respetar que necesito espacio?», piensa Manuel, que se siente perseguido por la casa mientras pide tiempo. «¿Por qué no ves que estoy sufriendo porque no me contestas?», se pregunta Marta, pues se siente herida por tener que perseguir a Manuel para obtener una respuesta.

ME ESCUCHO: ¿CÓMO DISCUTO?

Reflexiona sobre tu relación con las discusiones y completa la frase siguiente: «Las discusiones...»

A. No son necesarias.
B. Me generan mucho malestar.
C. Son imprescindibles en una relación.

Ahora piensa en Manuel y en Marta. ¿Qué crees que responderían?

Yo pondría a Manuel en la opción B y, como consecuencia, también en la A, ya que cree que discutir solo trae malestar y no sirve de nada. A Marta la pondría en la opción C, aunque actualmente también está pasando por una B bastante evidente.

Manuel necesita tiempo para que su «suflé» emocional baje antes de poder hablar de cómo se siente. Sin embargo, como Marta no le da ese espacio, él se ve atrapado en discusiones interminables, en las que se suelen abrir cajones del pasado que nunca se han resuelto. Esto refuerza su convicción de que discutir es inútil y solo genera malestar.

Por otro lado, Marta necesita hablar de lo que le duele, porque todo lo que no expresa se le queda dentro y la consume. Mientras el conflicto no se resuelve, ella se queda atrapada en pensamientos obsesivos sobre lo que acaba de pasar. Al ver la aparente indiferencia de Manuel, su ansiedad aumenta, lo que convierte cada conflicto en un drama emocional.

Cuando trabajamos en terapia, decidí centrarme primero en Manuel. Como si de un dominó se tratara, cuando él dejó de huir del conflicto, Marta dejó de perseguirlo y su ansiedad empezó a disminuir. Crear un espacio libre de juicio para que Manuel pudiera expresar su opinión sobre las discusiones y validar sus emociones fue clave para que él se sintiera comprendido. Solo así pudimos avanzar hacia una solución.

Cuando Manuel comprendió cómo afectaba a Marta dejar las discusiones a medias y que eso le provocaba una gran ansiedad, supo validarla. Pero no se quedó ahí. Ambos hicieron un trabajo profundo de cesión, compromiso y confianza. Manuel se comprometió a cerrar las discusiones de forma respetuosa y a expresar de manera clara cuánto tiempo necesitaba para tranquilizarse, siempre con un pacto que incluyera a Marta. Después, él mismo retomaba la conversación en el momento acordado.

Marta, por su parte, confió en el compromiso de Manuel y prometió respetar los tiempos pactados. También establecieron sus líneas rojas: Marta acordó no dejar pasar más de 24 horas sin hablar del tema, no dormir separados y siempre darse los buenos días y las buenas noches, aunque la pelea aún no se hubiera resuelto. Para ella, esto suponía una forma de mantener la calma en medio del conflicto, era un gesto que decía: «Estamos enfadados, pero seguimos queriéndonos».

Manuel, por otro lado, acordó que si no se respetaba su necesidad de espacio o Marta lo perseguía, se iría de casa durante unas horas a dar un paseo sin necesidad de contacto. Esto no debía interpretarse como un castigo, sino como una forma de hacer respetar su límite. También decidieron que durante una discusión sobre un tema concreto no se sacarían a relucir otros conflictos del pasado, ya que esto reforzaba la sensación que tenía Manuel de que discutir no tenía sentido.

Este proceso llevó tiempo y hubo momentos en los que no se respetaron los límites y la confianza se vio afectada. Pero lo más importante es que siguieron intentándolo. Hoy en día, siguen esforzándose por encontrar un lenguaje común y construir una relación en la que ambos se sientan respetados. No coincidir fue un problema hasta que dejó de serlo, porque la solución y la generosidad de ambos demostraron que lo importante no es solo cómo se discute, sino hacia dónde se quiere llegar y cómo se quiere superar el conflicto.

Cuando se cruza la línea

Te aseguro que es mucho más fácil que una relación se desgaste que mantenerla en armonía. La pareja es una verdadera escuela de crecimiento, porque constantemente nos saca de nuestra zona de confort. Solemos ser egoístas en nuestra parcela emocional: nuestras preocupaciones ocupan nuestra mente y no siempre tenemos en cuenta lo que le pasa al otro de manera automática. Tenemos que esforzarnos de manera activa para pensar en nuestra pareja, tenerla en cuenta, reconocerla y validarla, lo cual no es sencillo. Este esfuerzo diario puede hacerse cuesta arriba y, aunque los altibajos son normales, es fundamental mantener ciertas «banderas rojas» fuera de nuestra relación.

Imagina que vivís en la época vikinga, en una casita en el valle. Al ver a un usurpador en tus tierras, rápidamente avisas a tu pareja y os unís para echarlo fuera. En una relación actual, pasa algo similar. A veces, serás tú quien se dé cuenta de que las críticas o los desprecios se están infiltrando en vuestras conversaciones o quizá sea tu pareja quien lo detecte. Lo importante es que trabajéis juntos para sacar esas actitudes negativas de la relación. Aquí te listo algunas cosas que debemos vigilar y evitar:

• **Desprecios y etiquetas:** Las etiquetas negativas dañan a cualquier edad, porque nos encasillan y generan frustración. Creer que tenemos derecho a etiquetar a nuestra pareja nos coloca en una posición de superioridad que no nos corresponde. El sarcasmo, la ironía o las indirectas pueden parecer inofensivos, incluso justificarse como bromas, pero son formas muy dañinas de expresar malestar. Estas actitudes aumentan el conflicto y nos alejan de la reconciliación. Ejemplos comunes que escucho en terapia: «Menos mal que habíamos tenido una buena semana» (dicho con ironía), «¿Vas a denunciarme por no poner la ropa en el cesto?», o «Según ella, nunca se enfada, solo me mosqueo yo». Estas pequeñas frases actúan como escapes de ira o frustración, pero son provocaciones muy destructivas.

• **Actitud evasiva:** Sentir que tu pareja no te escucha porque está distraída con el teléfono, la televisión o no responde sin más, genera frustración y aumenta el malestar. La evasión provoca que, cuanto más se ignora al otro, más fuerte grite en busca de una reacción. Si eres de las personas que desaparecen en los conflictos, puede ser por tres razones: crees que las discusiones no sirven y prefieres ignorarlas; no sabes qué decir y te bloqueas; o lo haces con la intención de herir a tu pareja. Si es lo primero, el apartado anterior te habrá dado herramientas para mejorar. Si es lo segundo, puedes pedir un tiempo para calmarte. La técnica del «tiempo fuera» ayuda a expresar que necesitas un momento para aclararte la mente antes de seguir. Pero si usas el silencio como castigo, reflexiona: ¿De verdad quieres castigar a la persona que amas? Puede que hayas sido víctima de esta reacción en la infancia, pero no querrás que tu pareja experimente lo mismo.

• **Actitud defensiva:** Creer que todo es un ataque y contraatacar constantemente para no «perder» una discusión es un error que no llevará a la relación a ningún lugar positivo. Responder con un «tú más» o desviar la culpa hacia la otra persona solo creará conflictos sin fin y dejará heridas. La pareja debería ser un espacio seguro donde no es necesario ni defenderse ni atacar. Recordad que sois un equipo, que ambos queréis el bienestar del otro y que estáis construyendo algo juntos; esto os ayudará a abordar los problemas con más responsabilidad y madurez.

• **Críticas:** Existe una gran diferencia entre una queja y una crítica. La queja es concreta y no incluye etiquetas ni insultos, mientras que la crítica ataca directamente a la persona. Por ejemplo, una queja sería: «Estoy disgustada porque dijiste que te ocuparías de bañar a nuestra hija esta semana y no lo has hecho. Quedamos en turnarnos para que el otro pudiera descansar». En cambio, una crítica suena así: «¿Por qué te importa tan poco lo que hablamos? Dijimos que nos turnaríamos, pero has pasado completamente del tema».

En terapia, María criticó a Pol diciéndole: «¿Te das cuenta de que siempre pones a tus amigos por delante de mí? Hoy estaba agotada y aun así los has invitado a ver el fútbol». Al reformularlo como queja, quedó así: «Me gustaría que me avisaras la próxima vez antes de invitar a tus amigos. Hoy estaba reventada y no me apetecía tener a nadie en casa, solo estar contigo». ¿Notas la diferencia? Se expresa malestar y desaprobación, pero sin usar palabras como «siempre» o «nunca» y sin ataques personales.

• **Planteamiento hostil:** El peor momento para discutir suele ser cuando más lo deseas. Marta, al llegar a casa y ver por enésima vez la pila de platos sin lavar mientras su pareja jugaba a la videoconsola, se llenó de ira y fue a confrontarlo como si fuera una luchadora de sumo. ¿Qué ocurre cuando dejamos que la emoción domine en ese momento de máxima tensión? Que no hay filtros. Nada más verlo, golpeó la mesa para que se quitara los cascos y le soltó: «Pero ¿tú de qué vas? ¿No ves que la cocina está hecha un desastre? ¿Estás esperando a que yo llegue para que vaya detrás de ti mientras juegas como un niño pequeño?». Como te puedes imaginar, la conversación no terminó bien.

Sentir ira ante una injusticia es una señal de que tu cuerpo y tu mente están alineados. Sin embargo, para resolver problemas en pareja, es fundamental gestionar esas emociones con el objetivo de actuar de manera estratégica. La ira puede nublarte el juicio, por lo que aprender a calmarte antes de abordar un conflicto es clave para encontrar soluciones en equipo.

ME ESCUCHO: ¿CÓMO PUEDO GESTIONAR MI IRA?

Cuando sientas una gran rabia y estés a punto de explotar, te propongo el siguiente ejercicio para rebajar la tensión antes de hablar con tu pareja.

- **Escucha tu ira:** Si acabas de llegar a casa y algo te ha molestado muchísimo, aléjate un momento. Ve a una habitación tranquila y escribe lo que sientes sin filtros, ya sea en papel o en una nota en el móvil. Expresa todo lo que querrías decir en ese momento.
- **Respira y relájate:** Después de desahogarte por escrito, sigue este ejercicio de respiración. Siéntate o túmbate en una superficie estable, respira hondo cuatro o cinco veces. Inhala por la nariz durante cuatro segundos, hinchando el pecho y luego exhala por la boca con fuerza,

como si estuvieras soplando una trompeta, durante ocho segundos. Este ejercicio te ayudará a liberar energía y calmar la mente.

- **Revisa tu texto:** Una vez que hayas calmado el cuerpo, vuelve a leer lo que has escrito. ¿Hay algo que podrías decir de una manera menos agresiva? Revisa y reformula tus palabras.

- **Comunica tu necesidad de espacio:** Si tu pareja aparece mientras estás en este proceso, ten preparado un gesto o frase corta para indicarle que necesitas tiempo para gestionar tus emociones. Puede ser suficiente con un simple: «Dame un momento».

- **Espera media hora:** Después de ese momento de reflexión y calma, dale a tu cuerpo y mente un respiro de unos treinta minutos antes de abordar el tema con tu pareja. Acércate y salúdala con suavidad, pero de manera firme. Has hecho tu parte gestionando tu ira, ahora es el momento de expresarte desde el respeto y la colaboración.

En una sesión de terapia, un paciente me hizo una pregunta que refleja un miedo común en muchas relaciones: «Alicia, ¿es posible recuperarse después de haber dicho cosas terribles en una relación?». Lo que este paciente quería saber es cómo seguir adelante cuando en la relación se han dicho cosas hirientes, difíciles de olvidar.

La realidad es que toda relación tiene momentos brillantes y momentos oscuros. Lo importante es que esos momentos difíciles no lleguen a extremos irreparables. Si no se han traspasado las líneas rojas del abuso o maltrato físico o psicológico, es posible volver a un punto de equilibrio. Aunque parezca difícil, el trayecto hacia la recuperación es posible. La ternura es una herramienta muy poderosa para reconstruir el vínculo y derribar los muros que se han levantado en medio del orgullo y el resentimiento.

ME ESCUCHO: ¿CÓMO PUEDO RECUPERAR LA TERNURA EN MI RELACIÓN?

Si sientes que los muros entre tu pareja y tú se han vuelto demasiado altos, te invito a probar este ejercicio; es sencillo pero potente. Puede que al principio te resulte forzado, pero, si ambos queréis trabajar en la relación, este gesto diario de conexión puede abrir el camino.

- Una vez al día, sentaos juntos en el sofá. Coloca tu mano derecha en el corazón de tu pareja, mírala a los ojos y respira hondo. Mientras lo haces, di estas palabras: «Lo siento, te quiero. Estoy aquí, estamos juntos».
- Primero uno dice la frase, luego la dice el otro. Después, podéis abrazaros, besaros o simplemente seguir con lo que os apetezca hacer en ese momento. No lo juzguéis, dejad que fluya.

Este gesto sencillo, aunque puede parecer pequeño, es una manera poderosa de reconectar. No esperes resultados mágicos inmediatos. Es posible que incluso después del ejercicio surja alguna discusión, pero no te desanimes. Las discusiones forman parte de las relaciones, lo importante es que, con el tiempo, ambos veáis si estáis avanzando o si las cosas empeoran.

La tríada mágica: empatía, compasión y validación

Cuando nos enfrentamos a un conflicto en pareja, la manera en que comunicamos nuestras emociones puede marcar la diferencia entre una conversación constructiva y una discusión desgastante. La mejor forma de bajar el «suflé» de una conversación es a través de la validación.

Si tu pareja está compartiendo su dolor y tú respondes desde una posición defensiva con frases como: «No tiene sentido que te sientas así», o «Yo no he hecho nada malo», lo que realmente estás haciendo es descalificar sus emociones. En lugar de escuchar su corazón, te alejas de la conexión necesaria para resolver el conflicto. Imagina que ves a tu pareja ahogándose en el mar. En vez de lanzarte a rescatarla, comienzas a gritarle: «¿Cómo se te ha ocurrido meterte en el agua sin socorrista?». En las discusiones, a menudo tu pareja se siente atrapada en la tristeza y la decepción, pero en lugar de mostrar empatía o compasión, juzgamos y nos distanciamos. Para evitarlo, puedes poner en acción la tríada mágica:

• **Empatía:** Trata de ponerte en su lugar. Aunque no haya sido tu intención herir, comprende que tu pareja se siente así porque ha interpretado la situación desde su perspectiva. Si te cuesta empatizar, pregúntale: «¿Qué es lo que te ha hecho pensar así?»; pídele: «Ayúdame a entender

La mejor forma de bajar el «suflé» de una conversación es a través de la validación.

por qué te has sentido así», o exprésale que te cuesta comprenderlo: «Lo estoy intentando, pero me está costando mucho entender cómo has llegado a esa conclusión porque me estoy sintiendo muy frustrado».

• **Compasión:** Cuando las palabras de tu pareja te tocan el ego y te hacen sentir injustamente tratado, recuerda que, por encima de todo, ella está sufriendo. Así que, aunque sea difícil, deja de lado tu desacuerdo por un momento y ábrete a sentir amor hacia ella. Esto no significa que tendrás tu momento para poder expresarte, ni que tu pareja sea más importante que tú. Pero en el juego de las emociones, poco importa la razón. Sin embargo, si la necesidad final es que tu pareja no estaba en lo cierto, será mucho más rápido y sencillo llegar a esa meta a través de la compasión. Primero sosiega, luego razona. Demuestra esa compasión: «Siento muchísimo que hayas pasado una tarde tan triste», o «Me sabe fatal que hayas estado tan preocupada por esto».

• **Validación:** Reconoce cómo se siente tu pareja a través de la empatía y la compasión. No se trata de darle la razón, sino de hacerle saber que sus emociones son válidas y que puede expresarse contigo sin miedo. Una vez que hayas establecido esta conexión, podrás compartir tus propias emociones y pensamientos desde un lugar de amor.

Imagina que hoy has tenido un día triste, necesitabas hablar con tu pareja y has intentado llamarla en dos ocasiones sin éxito. Pasan dos horas en las que tú crees que debería estar disponible y, como no te contesta, le envías un mensaje enfadada y llamas. Te contesta y empiezas a desahogarte acusándolo de haberte ignorado. Estás visiblemente enfadada, pero sobre todo dolida porque tienes una necesidad no cubierta y lo estas gestionando mal. Tu pareja te pide que lo habléis en casa, que ya va de camino y, al llegar, una comunicación con validación sonaría tal que así:

«Necesito que me expliques por qué me has llamado tan enfadada. No he entendido nada (pides aclaración antes de atacar, te importa su punto de vista, eso ya es validación). Si te has levantado triste y no te he contestado, te has debido de sentir sola (empatía y validación). Siento muchísimo que hayas pasado un rato tan triste (compasión). Sabes que yo trato siempre de llamarte, si no lo he hecho es porque estaba reunido (aclaración), no porque te haya ignorado a propósito (límite). He de reconocerte que me duele y me frustra que pienses que sería capaz de no cogerte una llamada porque no me apetezca hablar contigo (aquí expresas tu emoción). Y te pediría, por favor, que antes de llamarme enfadada dando por hecho lo que crees, preguntes y me des el beneficio de la duda (vuelves a poner un límite). Sabes que te quiero (un plus de recordatorio de que sois un equipo)».

Este ciclo de validación puede cambiar la dinámica de la conversación. Cuando tu pareja se siente segura y escuchada, estará más dispuesta a abrirse y considerar tu perspectiva, lo que creará un espacio más saludable para el diálogo.

WhatsApp no es el sitio para discutir

En lo que a discusiones se refiere, a menudo no cuidamos suficiente el contexto y el lugar en el que nos estamos comunicando. Tal vez no sea buena idea discutir por mensajes con tu pareja en horario laboral mientras cada uno está trabajando en su respectiva oficina… Este tipo de conversación es asincrónica, es decir, no se genera, produce y completa a la vez. La mensajería instantánea sigue las necesidades que tenemos como sociedad hoy en día: lo quiero todo para ayer. Sin embargo, también hay muchos mensajes que se mandan bajo la premisa de «ahí lo dejo para cuando tengas tiempo de leerlo».

Esta facilidad para enviar mensajes puede ser peligrosa por varias razones.

1. No nos controlamos: Muchas veces enviamos mensajes sin filtrar, lo que puede llevar a malentendidos.

2. Es fácil confundir lo urgente con lo secundario: Los mensajes instantáneos no están diseñados para tratar temas serios o urgentes. Como dice Nayara Malnero en su libro *Cariño, vamos a llevarnos bien*, «no llamamos a una ambulancia escribiendo un WhatsApp».

3. El sentido de un mensaje escrito sin entonación queda completamente en manos del receptor, lo que puede llevar a interpretaciones erróneas: Necesitamos escuchar el tono, el volumen y la velocidad de las palabras para entender lo que el otro quiere transmitir en realidad. De hecho, varios estudios han mostrado que la voz de una pareja puede tener un efecto calmante y ayudar a reducir el estrés. Un estudio de la Universidad de Wisconsin-Madison descubrió que, al escuchar la voz de tu pareja tras una situación estresante, los niveles de cortisol (la hormona del estrés) disminuían significativamente, mientras que la oxitocina (la hormona del apego y la calma) aumentaba. Por lo tanto, la voz de una persona querida tiene un efecto regulador emocional, similar al contacto físico.

Si te das cuenta de que has comenzado a discutir por mensajes y el conflicto se está intensificando debido a malentendidos, por favor, para la conversación y coge el teléfono. Y si tu pareja no te contesta la llamada, pero sigue escribiendo, tienes todo el derecho de comunicar que no quieres mantener la conversación por esa vía.

Además, tanto en las redes sociales como en las aplicaciones de mensajería instantánea, es fácil caer en la tentación de controlar. Las notificaciones de ubicación, el check de leído, la última hora de conexión y otros indicadores pueden alimentar la inseguridad. Un mensaje no es urgente, así que no esperes respuestas inmediatas. Si tienes una urgencia real, llama. Y, si sientes que tu pareja no responde a menudo, puedes expresar tu malestar, pero sin perder de vista que es alguien independiente y que puede usar el teléfono como le plazca, y no tiene por qué coincidir con la forma en la que lo usas tú.

ME ESCUCHO: ¿POR QUÉ NO DAR UN PASEO?

Quizá te parece una tontería, pero salir a caminar con tu pareja puede ser una manera muy efectiva de resolver conflictos. Al compartir un camino literal, no solo camináis en la misma dirección, sino que también reducís la presión del contacto visual, lo que permite una conversación más libre. Esta dinámica puede ayudar a que ambos os sintáis menos juzgados y más auténticos en vuestras expresiones.

- La próxima vez que discutáis, cuando os hayáis calmado un poco, propón salir a dar una vuelta. Aprovecha el momento para sugerir que el paseo sea un espacio para hablar de lo que os preocupa, sin la presión de estar sentados frente a frente.
- Mientras camináis, escucha con atención lo que tu pareja tiene que decir. Recuerda que el objetivo es conectar, no solo resolver. A veces, el simple hecho de estar en movimiento puede suavizar las emociones.

- Comparte tus pensamientos también, pero desde la empatía. Valora los sentimientos de tu pareja y busca puntos en común. Puede ser un momento para entenderos mejor y fortalecer la relación.
- Intenta hacerlo con regularidad. Un paseo puede convertirse en una oportunidad para tener charlas significativas sin distracciones, combinar ejercicio y desconectar de las tareas del hogar.

LO QUE HEMOS APRENDIDO

♥ La clave para manejar conflictos en una relación radica en coincidir en el estilo de comunicación y las estrategias de afrontamiento. No existe un único método «correcto» para abordar las discusiones, pero es esencial que ambos miembros de la pareja se sientan cómodos con su forma de comunicarse.

♥ Evita actitudes como desprecios, evasión, defensividad, críticas y planteamientos hostiles. Es crucial reconocer cuándo están infiltrándose en las interacciones para poder erradicarlos.

♥ La validación, la empatía y la compasión son esenciales para crear un espacio seguro y constructivo.

♥ Mandarse mensajes no es el mejor modo de resolver conflictos. No hay nada como escuchar la voz de tu pareja.

Capítulo 7
El sexo y sus vaivenes

Una vez hablé con una DJ sobre su enfoque para pinchar en las fiestas y me reveló un concepto fascinante: seguir las «olas» de la energía de la gente. En lugar de bombardear a la audiencia con temazos uno tras otro, intercalaba canciones más tranquilas para darles un respiro. Esto permitía que la gente hablara, bebiera y disfrutara antes de elevar de nuevo la energía con grandes éxitos. Esta estrategia es un recordatorio perfecto de cómo funcionan las relaciones, sobre todo la vida sexual en pareja.

El sexo en la vida de una pareja fluctúa. Hay momentos de gran conexión y otros en los que los integrantes de la pareja sienten que han pasado de ser amantes a compañeros de piso. La psicoterapeuta belga Esther Perel defiende que el amor y la pasión tienen diferentes demandas. Por un lado, el amor busca compromiso, estabilidad, dedicación, cuidado y seguridad. Por otro, la pasión anhela aventura, sorpresa y un toque de transgresión. El desafío surge cuando, en una relación a largo plazo, nos olvidamos de nutrir el deseo y nos centramos solo en el amor.

El sexo no es estático, calidad y cantidad fluctúan con el tiempo. Esta variabilidad es parte de nuestra naturaleza humana y, aunque a menudo la vemos como algo negativo, en realidad es un reflejo de nuestro crecimiento y cambio. La vida pasa y el sexo trata de encontrar su lugar, pero a menudo lo bloqueamos con los «debería», que no hacen más que limitarnos:

- Debería apetecerme más a menudo.
- Debería sentir deseo al ver a mi pareja desnuda.
- Debería no apetecerme si estamos en casa de mis suegros.

Sin embargo, el sexo no entiende de obligaciones, sino de libertades. Necesita un espacio seguro donde pueda manifestarse de la forma en que desee. Cuando puedo hablar con mi pareja sobre lo que me gusta y lo que no, sin miedo a ser juzgado, el erotismo florece.

De todas formas, es crucial reconocer que el erotismo es poderoso, pero también frágil. Además, cada persona tiene su propio lenguaje sexual. Quizá tu pareja se sienta deseada y amada a través del sexo, mientras que tú lo disfrutas, pero te sientes más vista cuando te escuchan con atención. Si habéis discutido, es posible que uno de los dos no tenga ganas de intimidad porque se siente vulnerable. Por el contrario, para el otro practicar sexo después de resolver un conflicto podría ser una forma de mostrar amor. En cuestión de sexo, cada uno tiene su propio lenguaje, que a veces no coincide con el de su vínculo. Por eso es importante que te entiendas a ti primero para, después, encontrar un lenguaje común:

ME ESCUCHO: ¿QUÉ ES PARA MÍ EL SEXO?

Tómate un momento e intenta responder a estas preguntas con la máxima sinceridad posible:

- ¿Qué significa el sexo para ti?
- ¿Qué sientes cuando haces el amor con tu pareja?
- ¿Qué cosas te excitan?
- ¿Qué cosas apagan por completo tus ganas de intimidad?

¿Qué es el sexo?

Ahora que ya has reflexionado acerca de qué es para ti el sexo, me gustaría presentarte tres formas de entender la sexualidad, basadas en las ideas de tres autores influyentes: Esther Perel, John Gottman y David Schnarch.

En su obra *La inteligencia erótica*, Esther Perel argumenta que el erotismo se nutre del misterio, la novedad y la distancia emocional. A medida que las parejas se sienten más cómodas con la compañía del otro, la pasión disminuye. El amor es tener, el deseo es querer. Como ya he apuntado antes, según Perel, el amor busca estabilidad y el deseo anhela aventura. Para mantener la chispa, la autora sugiere que las parejas busquen un equilibrio entre intimidad y autonomía y que no subestimen el poder de la imaginación. La autora defiende que el sexo es primordial, pero que el erotismo es el ritual que envuelve toda la relación, que trasciende al sexo físico y que involucra la mente, la fantasía y el juego.

Según el psicólogo John Gottman la cercanía emocional es clave para una sexualidad satisfactoria. Sostiene que las parejas que gestionan bien los conflictos y que tienen una conexión emocional profunda disfrutan de una vida sexual más plena. La estabilidad emocional, en su opinión, refuerza el deseo sexual en lugar de reducirlo. En uno de sus estudios publicados en su libro *The Science of Trust* («La ciencia de la confianza») descubrió que las parejas con una vida sexual más plena eran las que mantenían una amistad estrecha, conectada y de confianza, y convertían el sexo en una prioridad en su vida. Su enfoque muestra que el deseo está más relacionado con gustar, permitir y explorar que con querer.

El terapeuta de parejas David Schnarch da mucha relevancia al concepto de diferenciación, que implica que cada uno de los miembros de la pareja sea emocionalmente autónomo. Según él, el deseo no desaparece con la cercanía emocional, sino que más bien florece cuando ambas personas son individuos seguros y fuertes. Para mantener una vida sexual satisfactoria, el crecimiento personal es esencial y muchas dificultades sexuales reflejan falta de madurez emocional. Así pues, la cercanía emocional no apaga el deseo, sino que lo potencia si ambos miembros son individuos diferenciados.

¿Quién de los tres autores tiene razón? Depende de cómo entiendas el amor, el deseo y la sexualidad. Quizá te identifiques más con uno de ellos o encuentres partes valiosas en las tres perspectivas. En la práctica, por ejemplo, la forma que tiene Perel de entender la sexualidad implicaría fantasear con tu pareja en el trabajo y tener hambre cuando llegas a casa; la de Gottman significaría llegar a casa y preparar juntos la cena con música de fondo; y la de Schnarch, llegar del gimnasio y sentaros en el sofá de casa a contaros cómo ha ido vuestro día y todo lo que habéis conseguido. Así pues, ninguno de los tres escenarios es excluyente.

Un buen ejemplo de cómo la llama de lo prohibido puede avivar el deseo, tal como sugiere Perel, es la historia de Ana y Carlos. Eran una pareja tradicional cristiana que decidió no tener relaciones sexuales hasta el matrimonio. Aunque esa decisión fue consciente, no les resultó fácil mantener la distancia durante el noviazgo. Ana me contaba que, cuanto más se acercaba el día de la boda, más difícil le resultaba respetar a Carlos, y él sentía lo mismo. El deseo entre ambos crecía como si fueran un imán de cargas opuestas, siempre al borde de transgredir sus propios límites. Sin embargo, una vez casados, esa sensación de urgencia se desvaneció. Aunque afirmaban estar satisfechos cuando tenían relaciones sexuales, les costaba encontrar el momento adecuado, a pesar de que disponían de tiempo. Esta situación refleja cómo, al desaparecer el factor de lo prohibido, la pasión a veces se atenúa, algo que Perel explicaría como la falta del «fuego» que genera lo transgresor.

Por otro lado, el caso de Raúl y Marta ejemplifican la importancia de la intimidad emocional para mantener el deseo, tal como lo expone Gottman. Después de tener un hijo, la pareja se concentró tanto en la crianza que dejaron de cultivar su relación. Todas sus conversaciones giraban en torno a pañales, visitas al médico y la rutina del bebé. Cuando él intentaba acercarse a ella, predominaba el agotamiento físico y emocional y Marta nunca tenía ganas. Para ella, la conexión emocional previa que había nutrido su deseo se había perdido. Tal y como sugiere Gottman, necesitaba primero reconectar a nivel emocional antes de poder retomar su deseo sexual.

Aceleradores y frenos

Muchas de las consultas que recibo a diario tienen que ver con la insatisfacción sexual. Antes de adentrarme en problemáticas más concretas, quiero hablar de lo que la autora Emily Nagoski define en su libro *Tal como eres* como «aceleradores» y «frenos». Entender estos conceptos es clave para comprender cómo funcionan los mecanismos del deseo sexual y poder analizar, después, situaciones específicas.

Los **aceleradores** son aquellos factores o estímulos que aumentan el deseo sexual. Estos pueden ser físicos, emocionales o contextuales. Es decir, es cualquier cosa que te excita y te predispone al sexo. Por ejemplo, estar en un ambiente relajado, sentirte amado o deseado, incluso estar en un entorno erótico, puede activar estos aceleradores y despertar tu deseo sexual.

Tomemos el caso de Jose y Lucía. Ellos tenían aceleradores completamente diferentes. A Jose le bastaba con ver a Lucía desvestirse, o incluso verla en pijama, para activar su deseo. Para él, el estímulo visual era suficiente, algo que suele ocurrir más en los hombres, según los estudios. Sin embargo, para Lucía era distinto. Ella necesitaba sentir dulzura y proximidad, sin que eso necesariamente condujera al sexo. Llegó un punto en el que cada vez que él la abrazaba, ella se ponía tensa, porque sentía que cualquier contacto físico acabaría derivando en sexo. Esa expectativa constante hizo que, poco a poco, lo que antes le ponía empezara a convertirse en un freno. Lucía llegó a sentirse con una libido inexistente. A ella le excitaba cuando Jose le hacía su desayuno favorito o cuando se acordaba de comprarle en el súper las patatas que tanto le gustaban, incluso cuando le mandaba un mensaje inesperado con un «te quiero» durante el día.

ME ESCUCHO: ¿CUÁLES SON MIS ACELERADORES?

¿Podrías escribir una lista de aquellas cosas que son aceleradores para ti? Sigue estos pasos:

- Piensa en momentos en los que te has sentido especialmente excitado o con deseo sexual. No hace falta que sean situaciones recientes, puedes remontarte a cualquier etapa de tu vida sexual. Pregúntate:

- ¿Qué te hizo sentir más conectado o excitado?
- ¿Qué tipo de ambiente te resultaba más placentero? ¿Un lugar tranquilo? ¿Una luz tenue? ¿Música?
- ¿Qué acciones de tu pareja despertaron tu deseo? ¿Palabras suaves, caricias inesperadas, detalles?
- ¿Cómo estaba tu cuerpo y mente en ese momento? ¿Relajado, sin preocupaciones, con energía?
- ¿Qué emociones estaban presentes? ¿Sentías confianza, seguridad, admiración, ternura?

- Ahora, con base en esas experiencias, elabora una lista de los aceleradores que te ayudan a conectar con tu deseo sexual. Esta lista debe incluir tanto factores físicos como emocionales y puede abarcar cosas muy variadas. Aquí tienes algunos ejemplos para inspirarte:
  - **Ambiente:** Luz tenue, velas, música suave, temperatura agradable.
  - **Acciones:** Besos lentos, caricias en zonas específicas (cuello, espalda), que me hagan el desayuno, mensajes de texto inesperados.
  - **Emociones:** Sentirme apreciado/a, admirado/a, querido/a, acompañado/a.
  - **Detalles:** Tiempo a solas, miradas profundas, conversaciones íntimas antes del contacto físico.
  - **Estímulos visuales:** Ver a mi pareja desnuda o en ropa íntima.
  - **Relación previa:** Que haya habido gestos de complicidad o cercanía emocional a lo largo del día.

- Una vez tengas clara tu lista, compártela con tu pareja de una forma abierta y curiosa.

Pregúntale a tu pareja cuáles son sus propios aceleradores y compara vuestras respuestas. Verás que ambos podéis aprender mucho de lo que os excita.

Por otro lado, **los frenos** son esos factores que inhiben o disminuyen tu deseo sexual. Entre ellos pueden estar el estrés, las preocupaciones, problemas de autoestima, el cansancio o simplemente un contexto que no favorezca el deseo, como un ambiente ruidoso o estresante. Es importante señalar que el contexto no se refiere solo a los gestos románticos (como traer flores o tener una cita), sino más bien a los estados mentales que creamos en nuestra vida diaria. Vamos a ver un ejemplo para entender mejor cómo funcionan los frenos.

Imagina que estás en el sofá de tu casa con tu pareja. Has tenido un día duro, pero por fin has conseguido relajarte. Te has dado un baño, estás tranquila y te has dejado llevar por una película que estáis viendo juntos. De repente, tu pareja empieza a acariciarte la pierna y ese contacto viaja por tu cuerpo hasta llegar a tu cerebro, que en ese estado de relajación dice: «¡Nos gusta!». Tu pareja sigue, la caricia se intensifica, y tu cerebro empieza a prestar más atención a ese contacto que a la película. De pronto, tu deseo sexual se activa y piensas: «¡Queremos más!». Miras a tu pareja, os acercáis y comienza un momento íntimo y placentero.

Ahora, veamos la misma situación, pero con un pequeño cambio. Estás en el sofá, pero has tenido un día horrible. Tu jefe te ha pedido que entregues mañana algo que debería haber estado listo ayer. Tienes tres lavadoras pendientes y no tienes ni idea de qué ropa ponerte mañana. Te sientes agotada. Tu pareja empieza a acariciarte la pierna de la misma manera, pero esta vez tu cerebro está tan ocupado y estresado que apenas nota el contacto. «¿Nos gusta?», se pregunta tu cerebro, y la respuesta no llega. Tu pareja sigue, quizá con un poco más de intensidad porque no ve una respuesta clara, pero ahora el ruido en tu cabeza es tan grande que cuando el deseo intenta activarse, tu cerebro simplemente dice: «¡Ahora no puedo escucharte!». Aunque los aceleradores están presentes, el freno es tan fuerte que bloquea por completo el deseo sexual.

Como hemos visto, el deseo no es solo una cuestión de lo que te excita, sino también de lo que te desactiva o inhibe. Cada persona tiene un equilibrio único entre estos dos sistemas. Algunas personas tienen un «acelerador» muy sensible y «frenos» que apenas intervienen, lo que les hace sentir deseo sexual con mayor frecuencia. Quizá en mi caso basta con ver a mi pareja para que mi deseo se active y no me afecta demasiado que la casa esté desordenada. Por otro lado, hay quienes tienen frenos más potentes que pueden anular cualquier estímulo excitante. Por ejemplo, puede que mi pareja esté tan agobiada por el estrés del trabajo que, aunque utilice esas estrategias eróticas que sé que por lo general le funcionan, un día especialmente tenso puede bloquear cualquier intento de conexión sexual.

La clave está en identificar bien cuáles son tus aceleradores y frenos personales. Al conocerlos, puedes ajustar el contexto y las circunstancias para que el deseo fluya de forma más natural y sin obstáculos. Una vez aclarado este concepto, voy a intentar responder a algunas de las consultas más comunes que me llegan sobre el sexo en pareja.

¿Qué pasa si siento que mi libido está muy baja?

El deseo sexual varía de persona a persona y tener una libido baja no significa que haya algo mal en ti. Te lo repito por si te hace falta oírlo: no hay nada de malo si sientes menos deseo sexual que tu pareja o si no «necesitas» sexo algunos días. El problema surge si sientes dolor durante las relaciones, por ejemplo. Lo interesante, y te animo a que lo hagas, es echar un vistazo a tu vida, a tus frenos y aceleradores. A veces, el equilibrio entre ambos está completamente desajustado, lo que impide que el deseo fluya de manera natural.

Dicho esto, quiero hablarte de los dos tipos de deseo sexual que he observado: el deseo reactivo y el espontáneo. Si yo siento deseo nada más ver a mi pareja (deseo espontáneo) y mi pareja lo siente cuando empiezo a besarle el cuello (deseo reactivo), ¿quién de los dos está reaccionando ante un estímulo? Pues ambos. Y aquí quiero que quede claro una cosa: tanto el deseo espontáneo como el reactivo responden a un estímulo. El reactivo se activa, por ejemplo, con el contacto físico, mientras que el espontáneo puede surgir a partir de una fantasía o una simple mirada. Cuando ves a tu pareja desnuda, tu mente empieza a evocar imágenes, recuerdos y sensaciones que despiertan tu deseo. ¿Y esto qué significa? Que no tienes ningún problema si tu deseo tiende a ser más reactivo. No pasa nada si necesitas un «empujón» físico o emocional para que tu deseo se active. En general, para que el deseo sea más espontáneo, es clave crear un contexto con poco estrés, una dosis de erotismo explícito y mucha cercanía emocional.

Mi pareja quiere tener sexo más a menudo: El gato y el ratón

Este es un tema común en las relaciones, es más, te diría que es el que más veo en consulta. Y es completamente normal tener distintos niveles de deseo sexual. La clave está en la comunicación y la empatía. No existe una frecuencia «correcta» y lo importante es que ambos habléis de cómo os sentís al respecto.

Uno de los mitos más arraigados sobre el sexo es que los hombres «siempre tienen ganas». Este estereotipo puede generar problemas en la relación. Si lo asumimos como mujeres, podemos llegar a interpretar cualquier gesto de nuestra pareja como una insinuación sexual, sentirnos culpables cuando no queremos sexo y acabar pensando que estamos condenadas a ser quienes digamos «no» la mayoría de las veces. Como hombres, aceptar este mito puede llevar a mucha frustración cuando no sientes ese deseo constante, lo que crea una barrera que dificulta encontrar un equilibrio. La creencia de que «los hombres siempre tienen ganas y las mujeres, no» puede bloquear incluso el intento de acercamiento.

Una dinámica que suele surgir en estos casos es la del gato y el ratón. El gato es quien tiene un deseo sexual más alto y espontáneo, mientras que el ratón suele tener un deseo más reactivo y bajo. El gato puede sentirse poco deseado al ser quien siempre «persigue» y esto puede generar rechazo, frustración e incluso hacerle dudar de sí mismo, llegando a pensar que tiene un problema. Por otro lado, el ratón se siente presionado, a la defensiva, culpable por decir «no» tantas veces y preocupado por creer que algo falla en él o en la relación. Esta dinámica de persecución solo empeora si no se trabaja de manera estratégica, pudiendo incluso convertir el sexo en un tema tabú con el tiempo.

Entonces ¿cómo se soluciona este desequilibrio? Aquí es donde os pido a ambos, gato y ratón, que mantengáis una mentalidad abierta. Lo primero que os recomiendo es hacer el ejercicio de los aceleradores y los frenos. Es crucial entender qué os excita, qué frena vuestro deseo sexual y aprender a reconocer los contextos favorables e inhibidores.

Para romper este ciclo de persecución, hay que detener la caza. El gato tiene que dejar de perseguir al ratón para que este no se sienta acorralado ni presionado. En otras palabras, el ratón debe sentir que no hay expectativas sexuales constantemente.

Un ejemplo de esto es el caso de Clara y Rubén. Clara me confesó que adoraba los besos de Rubén, incluso en la adolescencia les contaba a sus amigas que era el mejor besador que había conocido. Sin embargo, con el tiempo dejó de besarlo con pasión, porque temía que él interpretara el gesto como una señal de que habría sexo, y no quería encontrarse en la incómoda situación de rechazarlo después.

A modo de curiosidad, un estudio publicado en el *Journal of Sexual Medicine* encontró que las mujeres suelen valorar más los besos y el contacto previo al sexo como parte esencial de su excitación. Esto tiene sentido, ya que las mujeres, por lo general, necesitan más tiempo y estimulación emocional para llegar al nivel de excitación óptimo. Los hombres, en cambio, suelen excitarse más rápido y no dependen tanto de los besos para prepararse sexualmente. Para algunos hombres, un beso es solo un paso más hacia el sexo, mientras que, para muchas mujeres, forma parte del proceso erótico en su conjunto.

Al gato le diré que este método funciona, pero solo si lo haces con conciencia y compromiso. Es fundamental eliminar toda expectativa sexual, pero no eliminar el cariño, las caricias, los abrazos y los besos. El ratón necesita sentirse libre para mostrar amor sin sentir que está «obligado» a nada más. Debe poder disfrutar de un contexto sin estrés, donde pueda expresar su lado cariñoso y afectuoso. La idea es que deje de ser un ratón para convertirse, poco a poco, en otro gato. Este proceso llevará tiempo, quizá semanas o meses, y no debe verse como si uno de los dos tuviera un problema, sino como un ajuste necesario en la dinámica de la relación.

Al ratón le diré que tenga paciencia. No pasa absolutamente nada por tener un deseo más bajo que tu pareja. Puede que estés estresado, agotado o que la carga mental te esté desconectando de tu cuerpo. Quizá haya preocupaciones que bloqueen tu deseo, pero ¡no desesperes! Dale tiempo a tu mente y a tu cuerpo para relajarse, para que puedas mostrar dulzura y acercarte a tu pareja con la seguridad de que no se espera nada más.

Al gato sé que puede que no te guste leer esto. Puede que pienses: «Encima de que no tengo sexo tan a menudo como me gustaría, ¿ahora tengo que renunciar a él por un tiempo indefinido?». Pero, si de verdad quieres romper este ciclo, créeme, es la mejor solución. La manera en que has intentado satisfacer tus necesidades, persiguiendo, te ha llevado a una trampa. Tampoco es justo que seas siempre quien va detrás, así que tomarte este tiempo sin eliminar el afecto podría hacer que, por primera vez en mucho tiempo, te sientas visto y valorado de verdad.

No me gusta el sexo con mi pareja, pero la quiero

El deseo, el erotismo y la sexualidad son fundamentales en una relación, pero lo importante no es la frecuencia, sino la calidad de esos encuentros. Durante una sesión de terapia individual, Marina me confesó que quería mucho a su pareja, pero el sexo con él no la motivaba. Cuando tenían relaciones, ella lograba disfrutar hasta cierto punto, pero no tanto como le gustaría. Al principio, todo era distinto, pero con el tiempo el sexo se volvió monótono, casi predecible, como si cada encuentro siguiera una coreografía que podían repetir de memoria.

Como ocurre con cualquier aspecto en una relación, el sexo también necesita trabajo consciente. Negar que cambiamos y que nuestros deseos evolucionan a lo largo del tiempo es engañarnos. La persona que eres hoy no es la misma que eras hace unos años y lo mismo pasa con tu sexualidad. Redescubrir el erotismo en la relación y sentirte cómoda para expresar tus necesidades es esencial para mantener viva la conexión sexual.

Una buena manera de romper con la rutina y reencontrar el deseo es probar cosas nuevas de forma conjunta, siempre con respeto y curiosidad. Puedes introducir juegos sexuales que incluyan preguntas sobre fantasías o deseos no explorados, experimentar con posturas nuevas o hablar sobre lo que os encanta de vuestras relaciones sexuales. Crear un ambiente de apertura y complicidad ayudará a reavivar la chispa y evitar caer en la monotonía.

No tenemos ni intimidad ni tiempo

El estrés y la falta de tiempo son grandes enemigos del deseo sexual. Vivir con otros miembros de la familia en casa, apenas coincidir por las largas jornadas laborales y llegar agotados al final del día son obstáculos que complican mucho la vida sexual. A menudo, pasan semanas sin que os deis cuenta de que la desconexión sexual está creciendo y, cuando al fin lo hacéis, puede ser tan evidente que duela. Además, el agotamiento no deja mucha energía para ponerle remedio.

Sin embargo, antes de intentar reavivar la llama sexual, es fundamental trabajar en la conexión emocional. Esto no solo mejorará la intimidad, sino que también hará que el deseo vuelva de forma más natural. Algo tan sencillo como reservar una tarde a la semana o una noche al mes para estar a solas, ya sea en un hotel o en casa después de haber enviado a los niños con algún familiar, puede marcar una gran diferencia. Como pareja, es vuestra responsabilidad crear esos «espacios» para la intimidad, incluso si solo son pequeños momentos, porque serán como el combustible que alimentará el resto de vuestra vida en común.

Una estrategia que encuentro útil es cambiar la forma de pensar sobre el tiempo dedicado al sexo. Muchas veces, cuando hablo de priorizar el sexo en la relación, me encuentro con resistencias, sobre todo de quienes sienten que tienen mil cosas más urgentes que hacer. Pero si cambiamos el enfoque y en lugar de «buscar tiempo para el sexo» pensamos en «buscar tiempo para conectar», la presión disminuye y se abre la puerta a una mayor comprensión y curiosidad

Para mi pareja, los preliminares son inexistentes y es lo que más me excita a mí

La excitación femenina, por lo general, necesita más tiempo y está más vinculada a lo emocional y lo íntimo que la masculina, que tiende a ser más automática y directa. Para muchas mujeres, los preliminares son una parte esencial del proceso de excitación. No solo preparan el cuerpo para la penetración mediante la lubricación, sino que también aumentan el placer y la conexión emocional durante el sexo.

Es fundamental que hables abiertamente con tu pareja sobre lo que te excita y lo que necesitas para sentirte plenamente satisfecha. La comunicación sexual es clave para trascender en el sexo, una palabra que ya sabes cuánto me gusta. Y sí, hablo de ir más allá del orgasmo: se trata de buscar una conexión profunda, una intimidad real donde ambos os sintáis libres y entregados. Se trata de rendirse el uno al otro, de liberar tensiones, de desinhibirse, de ser transparentes y vulnerables. La sintonía y la complicidad sexual requieren de tiempo y dedicación, y los preliminares son una parte crucial para crear ese espacio de fusión y placer compartido.

Me preocupa cómo me veo; mi autoestima es un problema en las relaciones sexuales

Este es un tema clave y, por desgracia, afecta mucho más a las mujeres que a los hombres. Muchas mujeres viven en un conflicto constante con su autoimagen, lo que se convierte en un gran freno para su deseo sexual. La presión cultural sobre el cuerpo femenino, sobre lo que se considera deseable a nivel social, juega en nuestra contra.

Recuerdo cuando Anna vino a consulta y me confesó que llevaba tiempo teniendo relaciones sexuales con sujetador porque, desde que terminó la lactancia, sus pechos estaban más caídos y vacíos. Cuando invité a su pareja a una sesión, ocurrió algo precioso. Albert le dijo: «Desde que te convertiste en madre, tu cuerpo ha cambiado y el mío, también. Pero, mientras lo mío ha sido por pura dejadez, tú diste a luz a Júlia, y nunca olvidaré ese momento. Fuiste increíble, poderosa. Sacrificaste tu cuerpo por los dos, amamantabas mientras aún tenías puntos... ¿Sabes cómo te veo yo? Como una diosa. Me da pena que te tapes, porque tus pechos me parecen preciosos, los amo tal y como son».

A veces, nos ponemos a adivinar lo que creemos que le gusta o no a nuestra pareja y otras no la creemos cuando nos dice que nos ve bonitas y deseables. Pero ¿a ti te sigue pareciendo atractiva tu pareja? Es posible que su cuerpo también haya cambiado, tal vez se cuide más o tal vez menos. Lo que pasa es que trasladamos a nuestra pareja las exigencias que sentimos de la sociedad y asumimos que espera lo mismo de nuestro cuerpo. Sin embargo, si descubres que la principal causa de tus inseguridades es tu pareja, puede que no estés en un espacio seguro para ti.

Otro tema es la falta de cuidado. Una vez, una seguidora me contó que su pareja se había descuidado desde que empezó a teletrabajar: pasaba todo el día en el sofá, apenas se duchaba y ya no se afeitaba. Eso la estaba alejando, no por el cambio físico en sí, sino porque su falta de cuidado estaba apagando la admiración que sentía por él. Y es que con la admiración se va también el deseo. Si te preocupa que el estilo de vida de tu pareja esté afectando vuestra relación, es mejor abordar el tema desde la preocupación genuina por su bienestar que criticar sin más un cambio corporal.

Mi pareja no me atrae

A menudo, los problemas de atracción física tienen poco que ver con el sexo en sí y mucho más con el contexto y las profundidades de la relación. Recuerdo a un amigo querido que, en medio de una etapa complicada con su pareja porque ambos estaban preparándose para unas oposiciones, me confesó: «Hemos llegado a ser compañeros de piso, puedo verla desnuda y, aun así, me siento muerto por dentro». Ambos estaban atrapados en el estrés y la monotonía, sin tiempo para verse, escucharse y compartir. Les preocupaba la falta de atracción, cuando la solución no radica en el sexo, sino en cultivar la intimidad, fomentar la comunicación y el erotismo. Esto puede iniciarse buscando nuevas experiencias juntos, saliendo de la rutina con actividades que fortalezcan la cercanía, como ir a un spa o hacer una escapada rápida.

No me siento querida cuando hacemos el amor porque después no me abraza

La generosidad en las relaciones sexuales es fundamental. Una de las cosas que la favorecen es la conexión emocional antes, durante y después del acto. Compartir tu cuerpo, exponerte, fusionarte y disfrutar puede establecer un vínculo profundo con la vulnerabilidad de cada uno. Mantener ese momento sagrado y trascendente implica cuidar las necesidades del otro. No somos adivinos, así que es crucial comunicarlo, preferiblemente desde un lugar de vulnerabilidad: «Me hace sentir bien cuando me abrazas después de hacer el amor y lo necesito», en lugar de hacer reproches. La intimidad emocional no solo se vive durante el acto sexual, sino también en los momentos posteriores, que pueden ser igual de significativos, sobre todo para muchas mujeres.

La búsqueda y la llegada de un bebé pueden causar la fragilidad del sexo

Uno de los momentos más delicados en la vida sexual de una pareja es la búsqueda de un embarazo y la llegada de un bebé. En la primera situación, el sexo puede convertirse en una rutina obligatoria y sofocar las necesidades de pasión y el verdadero propósito de la intimidad: el disfrute. Es un enfoque muy peligroso tener relaciones en los días fértiles y tratar de maximizar las oportunidades a la vez que se evita el contacto en otros momentos. El cuerpo humano está diseñado para el placer y, al convertirlo en una mera máquina de hacer bebés, desaprovechamos la capacidad de crear unión a través del disfrute.

En la segunda situación, con la llegada de un bebé y una mujer en pleno posparto, el cuerpo y la mente se centran en la supervivencia del

La intimidad emocional no solo se vive durante el acto sexual, sino también en los momentos posteriores, que pueden ser igual de significativos.

recién nacido y en generar un apego con el bebé. Además, hay una transición crucial hacia la maternidad y la paternidad que viene cargada de falta de sueño, nuevas responsabilidades y expectativas. En este contexto, el sexo puede pasar a un segundo plano. Si esto es algo que la pareja no comprende y respeta, si hace que la otra parte sienta presión y manipulación emocional, el resultado puede ser una pérdida de conexión sexual, falta de libido o rechazo a la intimidad.

Sentir que no deseas tener relaciones después de tener un bebé es completamente normal. Si esta sensación se prolonga en el tiempo, puede haber razones subyacentes que justifiquen ese rechazo a la intimidad con tu pareja. Sin embargo, después de dar a luz, el sexo también puede ser plenamente satisfactorio, siempre que ambos respeten sus tiempos. La conexión que se crea tras experimentar juntos la llegada de un hijo puede ser tanto enternecedora como estimulante.

El peligro de la pornografía

Laura compartió conmigo que sus relaciones sexuales habían ido disminuyendo poco a poco. Ella se convirtió en el gato, en quien persigue. Buscaba a Manuel a todas horas, lidiaba con muchos rechazos y cayó en una espiral de baja autoestima y vergüenza. Un día, entre sollozos, le dijo a Manuel que, si esto continuaba, se separarían. No era solo la falta de sexo, sino la sensación de invalidación y soledad que sentía. Fue en ese momento cuando Manuel le confesó que tenía un problema con la pornografía. Laura empezó a unir los puntos y todo comenzó a tener sentido. Me contó que había noches en que se despertaba sola en la cama, escuchaba ruidos en el baño y se quedaba paralizada en la puerta, pues sospechaba que algo extraño estaba ocurriendo, pero no tenía fuerzas para abrirla. Manuel consumía pornografía a diario y solo encontraba excitación a través de esa visualización. Con Laura no lograba estimularse, lo que le generaba una culpa inmensa de la que no podía escapar.

El consumo frecuente de pornografía puede llevar a expectativas poco realistas sobre el sexo. A menudo, se muestran cuerpos irreales, actos sexuales sin límites y una excitación instantánea, que no refleja la realidad de la mayoría de las relaciones sexuales. Esto puede causar insatisfacción en la pareja cuando su vida sexual no se ajusta a esos estándares irreales.

Varios estudios indican que el consumo habitual de pornografía está asociado con una disminución de la satisfacción sexual y emocional en la relación, como le sucedía a Manuel y a Laura, pero también a muchas parejas. Al comparar lo que se ve en la pornografía con la experiencia sexual real, algunas personas pueden sentir que su vida sexual es menos satisfactoria. También existen problemas de disfunción eréctil en hombres derivados del consumo de porno, consecuencia de la baja autoestima generada por la comparación con los cuerpos de los vídeos. Otro problema común asociado es que, si el consumo se ha mantenido en secreto, cuando la pareja lo descubre puede vivirlo como una infidelidad emocional. Esto es lo que le ocurrió a Laura, quien experimentó un gran resentimiento y una desconexión emocional profunda con su pareja, la cual le costó mucho tiempo recuperar.

LO QUE HEMOS APRENDIDO

♥ El sexo en la pareja fluctúa, tanto en calidad como en cantidad.

♥ Conocer tus aceleradores y frenos, es decir, aquello que te excita y aquello que inhibe tu deseo, te permitirá ajustar tus circunstancias para que el sexo fluya de manera más natural.

♥ Tener diferentes niveles de deseo sexual en una relación es común. Para evitar la dinámica del gato y el ratón, es crucial eliminar la presión de expectativas sexuales y promover un ambiente de cariño sin obligaciones.

♥ El estrés y la falta de tiempo son grandes enemigos del deseo sexual. Trabajar primero en la conexión emocional puede facilitar la recuperación de la intimidad sexual.

♥ Sentir una disminución del deseo sexual después del nacimiento de un bebé es normal, pero es importante respetar los tiempos de ambos para reconectar y disfrutar de la intimidad cuando sea adecuado.

♥ El consumo frecuente de pornografía puede generar expectativas poco realistas y disminuir la satisfacción sexual y emocional en la relación.

Capítulo 8
La familia que no escogemos

Entrar en la casa de tu pareja es como atravesar un portal a un mundo nuevo. De repente, te das cuenta de muchas cosas y empiezas a comparar las formas de hacer de su familia con tus costumbres, las tradiciones con las que has crecido y todo lo que dabas por sentado. A veces esto puede ser chocante. Lo que para ti es habitual, para ellos es «raro», y viceversa. No te preocupes, es completamente normal sentir que su familia hace algunas cosas de una manera un poco… diferente.

Aquí te voy a contar los problemas más comunes que he visto en terapia cuando se trata de la familia política. Así que, no te preocupes, no estás solo en esto.

Conflictos de lealtad, límites y tensiones familiares

Las relaciones de pareja no solo se construyen entre dos personas, sino que también implican a las familias de origen de cada uno. Un conflicto muy común es la sensación de tener que elegir entre tu pareja y tu familia, y las expectativas de lealtad que ambas partes puedan tener sobre ti. En ocasiones, apoyar a tu pareja puede parecer una traición a tu familia, mientras que respaldar a tu familia puede percibirse como dejar de lado a tu pareja. Este conflicto no solo lo vives tú, sino que también puede afectar a tu relación, ya que el malestar que experimentas probablemente se manifieste en la dinámica de pareja.

Las tensiones surgen también por las diferentes formas en que las familias interactúan y gestionan sus problemas. Algunas son más invasivas o controladoras, mientras que otras adoptan un enfoque más independiente, lo que puede generar desacuerdos sobre el tiempo compartido, los roles que adoptan los miembros y las tradiciones familiares. A continuación, te muestro algunos ejemplos concretos para que veas que estas tensiones pueden afectar a la convivencia y al día a día.

Siento que no se respeta mi lugar

Un estudio realizado de Mikucki-Enyart y Wilder (2016) reveló algo que muchas parejas ya sospechan: cuando uno de los miembros de la relación siente que debe elegir entre su pareja y su familia, la cosa se complica. El estudio encontró que uno de los factores que más tensión genera en las parejas es lo que llamamos «incertidumbre relacional». Básicamente, se trata de no tener claros algunos aspectos clave sobre la relación con los suegros: «¿Qué se espera de mí?», «¿Cuál es mi rol en todo esto?», «¿Cómo ven ellos mi relación con su hijo o hija?».

Cuando las expectativas no están claras o los límites no están bien definidos, es normal que la relación sufra. Y aquí viene lo importante: cuando en una pareja uno siente que se le pide lealtad exclusiva hacia su familia de origen, ambos miembros acaban pasándolo mal. Porque,

Cuando uno
de los miembros de
la relación siente
que debe elegir
entre su pareja
y su familia,
la cosa se complica.

claro, si tú te sientes traicionado o desleal, tarde o temprano ese malestar afectará a la pareja, lo quieras o no.

Algo que siempre es importante recordar en estos casos es que madres, padres, parejas y hermanos no son comparables. Cada uno ocupa un lugar único e insustituible en nuestra vida. Por eso, intentar competir entre ellos no tiene sentido. Tu pareja nunca podrá ser tu madre o tu padre, y viceversa, así que es inútil que se vean como rivales. Todos tienen su espacio y la clave está en respetarlo.

Un caso típico de esta situación es el de Andrea, que vino a terapia frustrada. Me contó: «Siento que compito con mi suegra por el amor de mi pareja. A él le encanta lo que cocino y siempre le preparo sus platos favoritos como una manera de mostrarle mi cariño. Pero mi suegra, cada vez que viene a casa, trae sus propios táperes con comida para él. Una vez incluso escondió mi comida en el fondo de la nevera para meter la suya. ¡Alucinante! Lo peor es que, cuando le digo a mi pareja cómo me siento, se ríe como si no fuera importante».

Andrea ya había hablado directamente con su suegra, pero no había servido de mucho. En una ocasión, cuando le mencionó lo de los táperes, su suegra le dijo que solo lo hacía porque no quería que su cocido «se echara a perder». Evidentemente, no se trataba del cocido, sino de algo más profundo.

¿Y ahora qué? Andrea intentó gestionar la situación por su cuenta, pero la clave aquí está en su pareja. Él es quien tiene que marcar los límites con su madre y hacerle entender que ese comportamiento no es respetuoso hacia su relación. Andrea no debería ser la que tenga que estar corrigiendo a su suegra, ese rol le corresponde a su pareja. Es él quien tiene que dejar claro que ambos merecen respeto y que su casa, su nevera y su relación son espacios compartidos, donde los dos tienen que estar cómodos.

Mi novio está enmadrado

«Cuando va al médico, cuando se tiene que comprar ropa, le pide a su madre que le acompañe; cada vez que sale del trabajo, llama primero a su madre. Me parece genial que tengan buena relación, pero creo que es enfermizo. No me malinterpretes: yo no quiero ser su madre, no quiero que me necesite para todo, pero tampoco veo normal que dependa de ella. Me gustaría que fuera un adulto independiente».

Este tipo de situaciones son más comunes de lo que pensamos. Las relaciones madre-hijo o madre-hija pueden llegar a ser tan dependientes y estar tan fusionadas que resulta complicado establecer un equilibrio cuando llega el momento de formar una pareja o una familia. Aparte de exponer a tu pareja cómo te sientes y verbalizar cómo te afecta, poco más puedes hacer. Para que la dinámica familiar se modifique, es crucial que sea el «enmadrado» quien tome conciencia de lo que ocurre y que tenga la motivación suficiente como para empezar a dar pasos para cambiarlo. La motivación no tiene nada que ver contigo, sino con que sea capaz de sostener la decisión de separarse un poco de su familia de origen.

Desde que te has echado novia ya no vienes a verme

Esta era una de las frases que Eva escuchaba cada vez que visitaba a sus suegros. Si pasaban mucho tiempo juntos, la madre de su pareja se enfadaba y recurría a la manipulación emocional. Al principio, esto generó fricciones en la relación, pero su pareja finalmente se dio cuenta de lo que estaba pasando y decidió poner límites, tanto en privado como durante las visitas.

Eva me contó orgullosa que su novio le dijo a su madre por teléfono: «Mamá, necesito que entiendas que Eva es mi pareja ahora, con la que seguramente formaré mi propia familia, igual que lo hiciste tú. Me merezco disfrutar de ella y me gustaría que, en vez de ponérmelo difícil, te alegrases por mí y me apoyases». A veces, una conversación honesta puede hacer maravillas para aliviar tensiones.

Mi suegro tiene las llaves de mi casa y entra a menudo y sin avisar

Puede que para ti sea normal que tu padre entre en casa cuando quiera, ya que te hace sentir acompañado e incluido en tu familia. Tal vez no te importe que te vea desnudo o con la casa desordenada. Pero, para tu pareja, que vive contigo, la situación puede ser diferente. Ella tiene el mismo derecho que tú a sentir paz en su hogar. Si no se siente cómoda pensando que su suegro puede aparecer en cualquier momento, es fundamental que establezcáis un horario o un sistema de aviso previo.

Es posible que te parezca exagerado o que poner límites a tu padre te cause ansiedad y temas que se ofenda o que surjan discusiones. Sin embargo, debes recordar que en tu propia casa tienes derecho a establecer tus propias normas, las cuales crearás junto a tu compañera o compañero de vida.

Cada domingo tenemos que ir a comer a casa de los suegros

Vera y Cristian tenían una discusión recurrente sobre las visitas dominicales a la casa de los suegros:

Vera: «Mis padres tienen la tradición de comer paella todos los domingos desde que soy pequeña».

Cristian: «Y yo quiero mucho a tus padres, pero no me gusta tener que ir todos los domingos obligatoriamente».

Vera: «Yo no voy obligada, a mí me hace feliz. ¿Tanto te cuesta?».

Cristian: «Me cuesta cuando trabajo hasta los sábados y el domingo es mi único día libre».

Vera: «También tienes otro día entre semana».

Cristian: «Vera, entre semana, mucha gente trabaja. Solo puedo hacer planes con amigos los domingos y, al final, me veo cediendo constantemente para poder verlos y amoldarme a tus horarios».

Las tradiciones y celebraciones familiares pueden afectar la dinámica de pareja, como ocurre al repartir días en Navidad o en vacaciones para visitar a las familias. Quiero anticiparte que buscar una repartición cien por cien justa nunca servirá del todo, pues eso solo llevará a una competencia constante y a analizar cada minuto y cada cesión. Lo que sí funciona es practicar lo que Nate Klemp y Kaley Klemp describen en su libro *The 80/80 Marriage* como «generosidad radical». Se trata de una forma de dar en la relación que va más allá de la típica mentalidad de «50/50», donde ambos miembros de la pareja buscan repartir equitativamente las responsabilidades y recompensas. En lugar de eso, la generosidad radical implica que ambos se comprometan a dar el 80 por ciento de sí mismos, sin esperar reciprocidad exacta o una compensación directa.

Cristian está tratando de ser generoso con su tiempo, pero el problema surge cuando esta generosidad no es recíproca. En esos casos, empezamos a dejar de interpretarlo como algo bondadoso y lo vemos como algo injusto y abusivo. La preocupación por el bienestar del otro debe ser mutua y constante, por eso es necesario revisarla cada cierto tiempo, sobre todo cuando empezamos a sentir que nuestras propias necesidades no están siendo atendidas.

Vera tuvo que desarrollar generosidad, para ella era un verdadero disfrute ir a visitar a sus padres, no le apetecía, siendo egoísta, renunciar a esa tradición. Pero entendió que Cristian necesitaba sentir cierto grado de flexibilidad, puesto que en esa comida familiar también estaba incluida su tiempo. Desde ese punto en común, acordaron que Vera no impondría, si no que tendría en cuenta explícitamente su opinión y ánimos los domingos, lo que a él le hacía sentir libre e importante, y que no habría consecuencias negativas si él decidía uno o dos domingos al mes, hacer otros planes (con ella o a solas).

Mis suegros no respetan la forma de educar a nuestros hijos

Son varios los estudios que muestran que la falta de establecimiento de límites claros entre los suegros y las parejas que forman una nueva unidad familiar con sus propios hijos es un factor crítico en la adaptación y cohesión familiar. Esto puede resultar en un deterioro de la relación de pareja, sobre todo si no se maneja de manera adecuada desde el inicio de la relación, momento en el que se siembra con energía lo que se recogerá en los momentos difíciles, como ya hemos visto.

La sensación de invasión o falta de privacidad que se tiene cuando los suegros se entrometen en decisiones importantes como la crianza de los hijos, las finanzas o los planes de vida suelen ser un foco de tensión. Si no se anda con cuidado, ciertos temas pueden convertirse en focos de tensión.

Un ejemplo típico podría ser el de Nerea, que ha decidido junto con su pareja alimentar a su hijo con el método BLW (de las siglas en inglés «Baby Led Weaning»). Al comentárselo a Carmen, su suegra, la conversación va así:

Nerea: «Carmen, hemos decidido en casa hacer BLW con el pequeño».

Carmen: «¿Eso qué es? No será la marranada esa de dejarles comer con las manos, ¿no?».

Nerea: «Bueno, hay muchos estudios que demuestran que es lo mejor para fomentar su autonomía».

Carmen: «Vaya tonterías tenéis hoy en día. Yo le daba de comer a mi hijo y, mira, ahora come solito tan ricamente».

Este tipo de situaciones son muy comunes, ya sea con temas como el azúcar, las pantallas, los besos a desconocidos o dejar llorar al bebé. Aquí es fundamental que la pareja, en especial la persona que está en el centro del conflicto (el hijo de los suegros), deje claro que las decisiones son compartidas y que hay un deseo firme de que se respeten los límites.

Ahora bien, también quiero hacer una pausa para reconocer el papel crucial que juegan muchos abuelos hoy en día. La conciliación familiar, en muchos casos, sería casi imposible sin su ayuda. A veces les pedimos que estén disponibles siempre, pero con nuestras condiciones y eso puede no ser del todo justo. Hay suegros más abiertos a cambios y otros más rígidos en su manera de pensar, con menos capacidad para adaptarse. Si dependemos de su ayuda diaria, quizá debamos aprender a ser más flexibles y a ceder en aquellas cosas que no nos generen un gran malestar. Sin embargo, si no necesitamos su ayuda, es importante que haya consecuencias cuando se salten los límites que hemos marcado, sin que esto implique castigos, sino un refuerzo positivo de nuestras decisiones.

Por ejemplo, si has pedido que no le den chucherías a tu hijo cuando lo lleven al parque y aun así lo hacen a pesar de que les has preparado un táper con fruta o un bocadillo, la próxima vez puedes decirles que los acompañarás para encargarte personalmente de la merienda. De esta forma, mantienes el respeto hacia tus decisiones, pero sin entrar en confrontación directa al evitar un castigo muy común como es el de disminuir su tiempo con tu hijo.

En la conversación entre Nerea y Carmen, también podemos observar una falta de respeto. Carmen se burla de la elección de Nerea, aunque probablemente no lo hace con la intención de herirla. Si la pareja de Nerea está presente, lo ideal sería que la apoyara de manera respetuosa, sin desautorizar a su madre, ya que esto no es una competición. Podría decir algo como: «Mamá, no es ninguna tontería, es algo que hemos decidido juntos porque nos hemos informado mucho». Así se defiende la postura familiar de forma amable y firme, a la par que se evitan conflictos innecesarios.

Mis suegros nunca nos apoyan en nuestras decisiones

Ya he perdido la cuenta de cuántas veces he escuchado discursos calcados al que pronunció esta paciente: «Primero fue la elección del lugar para la boda, luego el alquiler de la casa. Después, la decisión de comprarnos una furgoneta y camperizarla. Cada vez que hemos compartido con mis suegros alguna decisión importante en nuestra vida, lo hemos hecho llenos de ilusión, pero siempre nos hemos encontrado con una mueca de desaprobación, un comentario crítico o incluso con desprecio. Quizá se deba a que mis padres siempre nos han apoyado en lo que hacemos y, al ver la diferencia, no puedo evitar sentir una mezcla de rabia y pena, sobre todo por mi pareja».

El dolor no viene solo cuando los suegros no te respetan a ti, sino cuando ves que no valoran ni apoyan a la persona que amas. Es duro ser testigo de que alguien tan importante para ti no recibe el respaldo que merece, sobre todo si tú vienes de una familia que sí te lo ofrece. Comparar estas realidades es inevitable y eso puede hacer que la situación sea aún más frustrante.

En estos casos, lo que te recomiendo es que seas un refugio seguro para tu pareja, un espacio donde pueda desahogarse si lo necesita. Destaco el «si lo necesita» porque es posible que la otra persona no lo perciba de la misma manera, o que simplemente no quiera enfrentarse a la situación. No somos quienes para forzar a nuestra pareja a abrir heridas que aún no está lista para explorar o para señalar aquello que tal vez prefiera no ver.

A mis suegros no les gusta cómo soy

Es común que las parejas provengan de familias con diferentes valores, creencias religiosas o culturales. Estas diferencias pueden ser fuente de desacuerdos o malentendidos en aspectos como la crianza, las costumbres familiares o las expectativas sociales. De hecho, estudios publicados en el *Journal of Family Psychology* muestran que los conflictos son más intensos cuando las diferencias culturales o de valores son marcadas, sobre todo en relaciones interculturales o interreligiosas.

Un ejemplo es el caso de John y Clara. Él era un pintor bohemio y ella provenía de una familia donde el éxito laboral era lo más importante. Cada vez que viajaban para ver a sus respectivas familias, surgían tensiones. Los padres de John criticaban abiertamente que Clara no hubiera tenido hijos aún, mientras que el padre de Clara no veía con buenos ojos el estilo de vida artístico de John. Ambos sentían que no encajaban en las expectativas de sus suegros.

Pero las diferencias no siempre son religiosas o culturales. A veces, las tensiones surgen por otras tradiciones. Marta, una paciente vegana, se encontraba en constante conflicto con su suegro, un cazador apasionado de la tauromaquia. Cada vez que iba a su casa, los trofeos de caza la incomodaban y las constantes burlas sobre su elección de vida la agotaban, hasta que su pareja decidió intervenir y poner límites.

Mi novia pretende que la lleve a todos lados porque su padre lo hace

Las expectativas sobre los roles de género también generan tensiones entre las parejas y las familias políticas. Algunas familias tienen ideas muy arraigadas sobre quién debe hacer qué, lo que puede entrar en conflicto con los acuerdos que hayas establecido junto a tu pareja sobre cómo repartir las responsabilidades.

Luis vivía esto de primera mano. Su novia creía que él debía actuar como «su taxista» porque eso era lo que había visto toda su vida en casa. Su padre siempre conducía para su madre y para ella. Si alguna vez su suegro la veía al volante, llamaba la atención a Luis por no estar conduciendo él en lugar de su hija. Para Luis, esto suponía un choque directo con su idea de igualdad en la relación y las expectativas de su novia y su suegro empezaron a generar tensión.

No puedo hablar abiertamente con mis suegros

Ana viene de una familia donde se habla de todo sin tapujos. Sin embargo, la familia de su pareja, Marc, es todo lo contrario: evitan los conflictos a toda costa. Esto no le había afectado demasiado hasta que Marc cayó en una depresión. Ana intentó que sus suegros, que vivían lejos, se involucraran más en su bienestar, pero no hubo ningún cambio.

Durante una visita, Ana decidió confrontarlos directamente, pero en una familia que prefiere el silencio y la evitación, esto fue como un terremoto. Sus suegros vieron a Ana como una persona conflictiva, cuando para ella tan solo era incomprensible que no quisieran hablar del sufrimiento de su hijo. Marc, por su parte, sufría al comparar la frialdad de su familia con el apoyo emocional que recibía Ana de la suya, pero no podía aceptar del todo la realidad de su situación, porque era lo único que conocía.

Este tipo de diferencias en los estilos de comunicación puede generar muchos malentendidos con las familias políticas. Mientras unas son más directas o críticas, otras prefieren eludir los problemas, lo que termina creando tensiones en la pareja. Cuando esos problemas no se discuten y se ignoran, el resentimiento crece y los conflictos se enquistan, lo que hace que sea más difícil resolverlos con el tiempo.

Cambiar la narrativa

Una vez abiertos los cajones de malestar más comunes, vamos a hacer un ejercicio de autocompasión para intentar entender de dónde vienen la mayoría de las tensiones que surgen con la familia política. Para ello es crucial que observemos el contexto social e histórico en el que hemos crecido.

Raíces históricas y roles de género

Gran parte de las dinámicas de competencia y confrontación con los suegros se deriva de modelos culturales antiguos que aún influyen en cómo entendemos las relaciones familiares. Un buen ejemplo de esto son las figuras familiares en las historias populares y en la cultura audiovisual. Piensa, por ejemplo, en las madrastras de Disney, como la de *Cenicienta*, representada como cruel y celosa. O en las suegras de películas como *La madre del novio* o los suegros en *El padre de la novia*. Estas representaciones suelen estar teñidas de patriarcado, donde las relaciones familiares están marcadas por la posesión y la competitividad.

Históricamente, el patriarcado ha moldeado las dinámicas familiares de forma jerárquica. Las mujeres eran vistas como posesiones, primero de sus padres y luego de sus maridos, lo que ha fomentado una percepción de propiedad que se manifiesta en la competencia entre madres e hijas por el afecto del hombre. De manera similar, los padres veían a sus hijas como su propiedad y, al entrar otro hombre en la ecuación (el yerno), esto generaba tensiones al sentir que «perdían» ese vínculo exclusivo.

Estas ideas obsoletas siguen permeando nuestra cultura, lo que crea expectativas y tensiones en las familias políticas. Es fácil caer en la trampa de la competencia: madres compitiendo con nueras por la atención de los hijos o padres compitiendo con yernos por el control sobre sus hijas. Todo esto se da en el marco de roles de género muy rígidos, donde la mujer es vista como cuidadora y el hombre, como protector y proveedor. Cuando la familia política tiene valores muy tradicionales y la pareja busca un equilibrio más moderno, aparece el conflicto.

Superar las diferencias

Sin embargo, aunque estas tensiones son reales, también hay espacio para cambiar la narrativa. Al formar una pareja, no solo estamos construyendo una relación entre dos personas, sino que también estamos creando una oportunidad de enriquecimiento mutuo entre ambas familias. No tiene por qué ser una lucha por la influencia o el control; en lugar de competir, podemos buscar el crecimiento de la familia.

¿Cómo se logra esto? A través del respeto, la comprensión y la autocompasión. Es esencial dejar de ver a la familia política como una amenaza y empezar a centrarme en lo que une, en lugar de en lo que separa. Las diferencias siempre existirán, pero aprender a reconocer las similitudes y respetar los límites es el primer paso para construir una relación más

Es esencial dejar de ver a la familia política como una amenaza y empezar a centrarme en lo que une, en lugar de en lo que separa.

armónica. Te dejo algunos consejos prácticos para ayudarte a navegar por el mundo de las relaciones con la familia que no se escoge:

- **Encuentra las similitudes, no las diferencias:** En lugar de centrarte en lo que te separa de tus suegros o tus cuñados, busca puntos en común. Esto puede ser un interés compartido, una actividad familiar o valores importantes que coincidan.
- **Respeta los vínculos de tu pareja con su familia:** Es importante entender que, aunque tu pareja reconozca que su familia no es perfecta, sigue siendo su familia. Si bien puede ser tentador desahogarte con tu pareja sobre los problemas que tienes con sus padres o hermanos, hacerlo de manera continua puede causar tensiones innecesarias. Busca otros espacios para expresar tus sentimientos y frustraciones. Por ejemplo, puedes apoyarte en tus amistades.
- **Mantén el respeto incluso si no es recíproco:** El respeto debe ser la base de cualquier interacción, incluso si no viene de la otra parte. Ser un ejemplo en el trato y en la gestión de límites saludables te protegerá de perder el control. No se trata de permitir abusos, sino de saber cuándo y cómo poner barreras de manera firme y respetuosa.
- **Respeta, aunque no quieras:** No tienes que amar a tu familia política, pero respetarla te facilitará mucho la vida. El respeto no implica ceder ante conductas irrespetuosas, sino establecer un marco donde todo el mundo sea tratado con dignidad. Desde ahí, es más probable que las relaciones puedan mejorar con el tiempo.

LO QUE HEMOS APRENDIDO

♥ Una unidad familiar debe poder tomar sus propias decisiones, independientemente de que la familia política las respalde o no. Cada pareja tiene derecho a establecer sus prioridades, necesidades y límites.

♥ Muchas relaciones familiares se ven afectadas por ideas obsoletas que generan expectativas y tensiones, sobre todo cuando las familias tienen valores tradicionales y la pareja busca un equilibrio más moderno.

♥ Si sientes que no se respeta tu lugar en la relación, es tu pareja quien debe intervenir y marcarle límites a tu familia política.

♥ Es común que cada miembro de la pareja tenga distintas expectativas sobre cómo compartir tiempo con sus familias. Practicar la «generosidad radical» en la relación puede ayudar a manejar estas diferencias de manera más equilibrada y sin resentimientos.

Capítulo 9
La convivencia y sus desafíos

A medida que pasa el tiempo y las responsabilidades compartidas aumentan, es fácil que las conversaciones en pareja se conviertan en una lista interminable de cosas por hacer: «No te olvides de sacar la ropa de la lavadora, que si no huele mal», «Compra jabón de manos», «Acuérdate de llamar al técnico del lavavajillas, que se ha estropeado». Nos centramos tanto en mantener la «infraestructura» de nuestra vida en común, que podemos dejar de lado algo fundamental: cuidar el nivel emocional e íntimo de la pareja.

Con los años, al acostumbrarnos a la presencia del otro, muchas veces dejamos de hacer esos pequeños esfuerzos que antes eran naturales, como impresionar o conectar de forma profunda. El amor romántico del inicio da paso a lo que podríamos llamar el «amor acción», ese que implica esfuerzo consciente para no caer en la dejadez.

En terapia de pareja, veo con frecuencia a personas que han dejado pasar demasiadas oportunidades de atender las necesidades del otro o que han ignorado las quejas hasta que llega un punto crítico. Solo reaccionan cuando sienten que pueden perder la relación.

No hay que esperar a que sea «demasiado tarde». Actuar con antelación es la mejor forma de demostrar respeto por la relación y que es importante en nuestra vida. Ser precavidos es, en última instancia, una muestra de respeto por el vínculo.

Te pongo un ejemplo. Muchas sesiones de terapia comienzan con discusiones en apariencia «absurdas» que acaban convirtiéndose en grandes dramas. Recuerdo a Cristina y a Pau, que tuvieron una gran pelea... ¡por un cepillo de dientes! Cristina estaba muy molesta porque Pau, al cepillarse con demasiada fuerza, siempre destrozaba los cepillos. Además, a veces usaba el suyo sin darse cuenta. Lo que empezó como una queja sobre un cepillo de dientes, terminó en una discusión encarnizada: ella lo llamó «dejado», él la acusó de controladora y quejica, y acabaron enfadadísimos.

Tras un rato, les pregunté: «Os dais cuenta de que no estáis discutiendo por un cepillo de dientes, ¿verdad?». El cepillo fue solo un detonante. Cuando el resentimiento y los problemas no se hablan a tiempo, cualquier pequeño malestar puede desatar una tormenta.

ME ESCUCHO: ¿POR QUÉ ME ESTOY ENFADANDO?

Si te das cuenta de que reaccionas de manera exagerada ante cuestiones en apariencia «banales», quizá sea el momento de parar un momento y hacerte las siguientes preguntas:

- «¿Cómo me está haciendo sentir esto?»: Tómate un instante para reconocer lo que estás sintiendo en realidad, más allá del problema inmediato.

- «¿Tengo este sentimiento en otras situaciones? ¿Siento lo mismo cuando mi pareja hace o dice otras cosas?»: Esto te ayudará a identificar si es un patrón recurrente.
- «Tener este sentimiento, ¿qué dice de mí?»: Sin juzgarte, reflexiona sobre lo que esta emoción te está diciendo acerca de ti misma.
- «¿Qué creo que dice esto de mi pareja? ¿Estoy interpretando esta situación como un reflejo de algo más grande en nuestra relación?».

Ir al fondo de las cuestiones que te generan malestar te ahorrará discusiones innecesarias. Lo que a veces parece un granito de arena, puede acabar convirtiéndose en una montaña cuando no se resuelve.

La temida carga mental y el reparto de las tareas del hogar

«Alicia, mientras friego los platos estoy pensando en que mañana el niño tiene que llevar un plátano y un yogur para desayunar, que si tiene la bata del cole planchada, que hay que avisar al profesor de que el jueves le tocan las vacunas y saldrá antes de clase, que si hay que poner la lavadora y que no queda pan. Estoy agotada mentalmente, me siento como la capitana de la casa, la que organiza, da órdenes y resuelve los problemas. Mi marido cree que me está ayudando, pero no se trata de que me ayude. Me gustaría poder fregar los platos sin pensar en nada más, pero siento que, si no lo hago yo, la casa se nos cae encima. Lo peor es que luego mi marido me busca para hacer el amor y yo estoy cansada e irritada, con la vida y con él. No tengo ganas de nada, pero siento que no tengo derecho a quejarme y me siento culpable por no querer tener intimidad».

Esta situación refleja lo que muchas mujeres viven a diario y lo que conocemos como «la carga mental». Estudios recientes señalan que este esfuerzo cognitivo y emocional necesario para gestionar las tareas del hogar, los horarios y las responsabilidades familiares tiene un impacto directo en la vida de pareja. Si te sientes identificada, no estás sola. En las relaciones heterosexuales, esta carga suele recaer principalmente en las mujeres, lo que genera estrés, agotamiento y una sensación de desigualdad que acaba afectando a la satisfacción en la relación. Cuando uno de los miembros de la pareja (casi siempre la mujer) asume gran parte de esa carga mental, es fácil que esta persona se sienta desbordada y poco valorada, lo que incrementa el riesgo de conflictos y provoca una sensación de injusticia. Este desequilibrio en la repartición de responsabilidades no solo afecta al ambiente en casa, sino también a la conexión emocional y, claro, a la vida sexual.

Estamos viviendo un momento histórico muy autoexigente. Recuerdo charlas con mujeres de más de sesenta años que me contaban, hablando de sus hijas, que ellas no vivieron la maternidad con tanta culpa como ven ahora. Quizá porque antes se aceptaba que las mujeres se dedicaran a criar en exclusiva, o porque no había tanta conciencia sobre la salud mental de los niños. Pero hoy nos autoimponemos la perfección: en el trabajo, queremos que no se note que somos madres y, con nuestros hijos, que no se note que trabajamos.

Ojo, la carga mental no es exclusiva de las madres. Muchas mujeres siguen cuidando de sus parejas adultas como si fueran niños: comprarles ropa, prepararles las maletas, pedirles cita con el médico, cocinar, fregar los platos, gestionar la limpieza de la casa… ¡Cuánta exigencia! Hemos caído en la trampa de pensar que podemos hacer varias cosas a la vez y, además, disfrutarlo, ¡viva el *multitasking*! Mientras tanto, muchos hombres logran centrarse en una sola cosa, disfrutarla y vivir sin tanta presión.

Marta, en una sesión de terapia, después de contarme todo lo que llevaba encima, tuvo que escuchar a su pareja decirle: «Pero ¿te das cuenta de que todo esto lo haces porque quieres? Te llenas de cosas que no son necesarias, que yo no te he pedido, y luego te quejas de que no llegas a todo». Y aunque en parte tenía razón (sí, solo en parte), es importante señalar que esa «claridad» muchas veces solo la tienen quienes no están metidos hasta el cuello en la carga diaria.

Vivimos en una sociedad que nos empuja a ser supermujeres: tener éxito en el trabajo, estar en forma, estar actualizadas y, además, demostrar que podemos con todo…, pero eso tiene un coste altísimo. A veces, nos llenamos de tareas y objetivos innecesarios. Desde fuera, cuando no estás en medio del caos, es fácil ver las cosas con más calma. El truco está en compartir la carga mental. Hablar más con tu pareja, repartir las tareas de manera justa y usar herramientas que faciliten la organización, como calendarios compartidos, puede transformar la dinámica de la relación. Al hacerlo, fomentamos la igualdad y reducimos el estrés, lo que siempre mejora la convivencia.

Si quieres sentirte respetada, valorada y, sobre todo, más libre de esa carga que tanto pesa, es esencial que empecéis a organizaros como un equipo. Paso a paso, podéis conseguir que la sensación de equilibrio sea una realidad y que la convivencia sea mucho más llevadera.

ME ESCUCHO: ¿CÓMO REPARTIMOS LAS TAREAS DEL HOGAR?

A veces, sin darnos cuenta, uno de los dos puede asumir más responsabilidades de las que debería. Este ejercicio te ayudará a reflexionar sobre quién hace qué en casa y cómo podríais organizaros mejor para que la carga sea más justa.

1. Reflexiona sobre vuestra situación actual:
Piensa en las tareas diarias o semanales de vuestro hogar. ¿Quién se encarga de cada una? ¿Cómo te sientes con respecto a la repartición? ¿Sientes que tienes más responsabilidades de las que te corresponden? ¿Te gustaría cambiar algo?

2. Haz una lista de tareas:
Voy a ofrecerte una tabla con algunas de las tareas en una casa. El ejercicio consiste en rellenar quién se ocupa de cada tarea actualmente y quién crees que debería encargarse en el futuro. Es importante recordar que podéis contar con ayuda externa si vuestra situación económica os lo permite. Se trata de encontrar un equilibrio que os beneficie a ambos.

Acciones de casa	Quién las realiza ahora	Idealmente quién las realizará	De qué manera (cómo y cuándo)
Hacer la comida			
Preparar los menús			
Poner el lavavajillas			

LA CONVIVENCIA Y SUS DESAFÍOS

Acciones de casa	Quién las realiza ahora	Idealmente quién las realizará	De qué manera (cómo y cuándo)
Hacer la compra			
Limpiar la cocina			
Llevar la contabilidad			
Poner gasolina			
Llevar la cuenta de las revisiones del coche/moto			
Pagar las facturas			
Sacar la basura			
Ahorrar			
Comprar artículos de casa			
Hacer la colada			
Tender la ropa			
Doblar la ropa			
Colocar la ropa en armarios			

Acciones de casa	Quién las realiza ahora	Idealmente quién las realizará	De qué manera (cómo y cuándo)
Encargarse del jardín si se tiene			
Planchar			
Limpieza de casa (ser lo más específicos posibles, por ejemplo: barrer, fregar, limpiar baños, cristales…)			
Planificar viajes			
Planificar actividades del día a día			
Comprar los regalos en cumpleaños			
Pediatra			
Reuniones con profesores			
Recoger a los hijos			

3. Observa los detalles y reflexiona:

Además de completar la tabla, es clave que durante un mes apuntéis cada pequeña tarea que realicéis en casa, es decir, que ampliéis la lista de esta tabla. Desde cuidar de los hijos cuando están enfermos, renunciar al trabajo cuando tienen fiesta en el colegio, organizar la recogida de los niños cuando trabajáis, disciplinar a los hijos, encargarse del cuidado de animales, pasear al perro, comprar la comida del gato... Este ejercicio no tiene como meta señalar fallos o repartir culpas, sino reconocer todo lo que se hace y cómo podéis mejorar vuestra organización y reestructurarla. El reconocimiento es el primer paso hacia una mejor convivencia.

4. Busca el equilibrio:

El objetivo final es que cada uno se responsabilice de sus tareas de tal manera que la otra persona pueda olvidarse completamente de que existen y solo acordarse de ellas para agradecerle a su pareja que se encargue. Esto requerirá flexibilidad y paciencia por parte de la persona que hasta el momento haya llevado la gestión mayoritaria y tenga la percepción de que las cosas se tienen que hacer de una manera, es decir, de la suya. Quien hasta ahora llevaba la carga mental deberá tener paciencia y reconocer que hay muchas otras formas de hacer las cosas bien y respetar los tiempos de su pareja.

En la convivencia, hay ciertas diferencias que no desaparecerán por mucho que lo intentemos, pues están profundamente ligadas a nuestras personalidades y necesidades. Si eres alguien que disfruta de un ambiente muy ordenado, pero tu pareja prefiere un enfoque más relajado, es probable que os encontréis en situaciones tensas donde tu deseo de mantener todo en su sitio choque con la necesidad de tu pareja de sentir libertad en su propio espacio. ¿Te suena?

Es importante reconocer que no se trata de cambiar quiénes sois. Si tú valoras mucho el orden y tu pareja no le da tanta importancia, lo ideal no es que uno intente forzar al otro a aceptar su visión, sino encontrar un espacio común donde ambas posturas se respeten. Una técnica muy útil en estos casos es la que propone John M. Gottman, un experto en relaciones de pareja. Él sugiere que, cuando estéis ante un problema que parece irresoluble, como este, os toméis el tiempo para hablar de vuestros «sueños ideales» respecto al conflicto. Esto significa que cada uno de vosotros debe expresar qué sería lo ideal para sí mismo en esa situación, mientras el otro escucha sin interrumpir ni juzgar. Esta estrategia consiste en:

1. **Definir lo que no podéis ceder:** Cada uno de vosotros debe identificar cuáles son esos puntos que no podéis dejar de lado sin más. Quizá tú no soportas que los platos sucios se queden en el fregadero durante horas, mientras que tu pareja no soporta tener que recoger su escritorio según tus estándares.

2. **Definir las áreas de flexibilidad:** A partir de ahí, es clave encontrar dónde podéis ceder. Tal vez tú puedas tolerar cierto desorden en espacios personales, siempre que no haya suciedad. A su vez, tu pareja puede aceptar recoger la cocina, pero no necesariamente justo después de comer, sino tras descansar o echar una siesta.

3. **Llegar a un compromiso temporal:** Una vez definidos esos límites, podéis acordar un compromiso temporal que respete los deseos de ambos. Por ejemplo, tú te comprometes a no intervenir en los espacios personales de tu pareja mientras no estén sucios y tu pareja acepta recoger la cocina cuando tú cocines, aunque lo haga después de haber descansado

un poco. Tras un par de meses, podríais revisar si el acuerdo ha funcionado y si es necesario hacer ajustes.

Recuerda: no se trata de ganar o perder, sino de encontrar un equilibrio donde ambos podáis sentiros cómodos en vuestro hogar.

Dar por sentada a nuestra pareja

Uno de los problemas más comunes que surgen con el paso del tiempo en las relaciones es dar por sentada a nuestra pareja. Después de la fase de enamoramiento, cuando ya llevamos un tiempo conviviendo, es fácil caer en la creencia de que conocemos a nuestra pareja del todo, como si no fuera a cambiar nunca. Pero esta idea es tan absurda como injusta. Todos cambiamos y evolucionamos, día a día. Vivimos nuevas experiencias que nos moldean, nos hacen aprender cosas nuevas o nos llevan a cuestionar las antiguas.

Cuando damos por sentada a nuestra pareja, pasan tres cosas principales:

1. Perdemos la curiosidad: Como creemos que ya sabemos todo sobre esa persona, dejamos de hacer preguntas, de interesarnos por lo que piensa o siente, porque «ya lo suponemos». Y así nos perdemos lo más emocionante de la vida: el cambio.

2. Dejamos de admirar: Al pensar que ya conocemos todo lo que hay por conocer, solo vemos lo que ya nos resulta familiar. El resto, ni lo notamos. Dejamos de admirar las cualidades de nuestra pareja y pasamos por alto detalles que antes nos encantaban.

3. No permitimos que nos influya: Cuando nos creemos que ya sabemos todo sobre nuestra pareja, no dejamos espacio para aprender de ella. Es como si pensáramos: «No puedo aprender de algo que ya me sé de memoria». Este pensamiento bloquea cualquier posibilidad de crecimiento en la relación.

4. Generamos frustración: Imagina que te esfuerzas por cambiar, pero tu pareja sigue viéndote como siempre, no nota nada nuevo. Eso puede ser muy frustrante. Es importante permitir que el otro crezca y no estancarnos en la imagen del «siempre igual».

La clave está en seguir preguntando y escuchando, aunque creas que ya sabes la respuesta. Si tu pareja te cuenta algo que parece distinto, elige confiar en que puede haber cambiado, porque tiene todo el derecho a hacerlo. Decide activamente creer que puede evolucionar y, si es posible, trabaja en aceptar esos cambios, con todo lo que ello implica.

La queja constante

Otro problema que puede surgir con el tiempo en una relación es la queja constante. Según la ciencia, cuando uno de los miembros de la pareja se queja con frecuencia, esto puede afectar seriamente la relación. Las quejas repetitivas, en especial sobre cosas del día a día, aumentan la tensión y generan una barrera emocional que puede minar la satisfacción en la relación.

Además, la queja constante suele crear un desequilibrio emocional en la pareja. Uno puede sentirse agobiado por la negatividad del otro, lo que provoca agotamiento emocional y acaba afectando a ambos.

Si la queja no tiene que ver con la relación, sino que es un hábito de tu pareja en su día a día, esto puede ser un indicador de varias cosas: la queja se aprende desde niños como un mecanismo para llamar la atención y es una muestra de necesitar ayuda, que, si no se gestiona favore-

Cualquier estado emocional es potencialmente contagioso y las emociones negativas tienen una carga mucho más pesada y evidente para las personas que están alrededor.

ciendo la autorresponsabilidad por parte de los cuidadores, se extiende a la adultez, lo que convierte a la persona en alguien sin filtro que verbaliza cualquier pequeña incomodidad. Cualquier estado emocional es potencialmente contagioso y las emociones negativas tienen una carga mucho más pesada y evidente para las personas que están alrededor. Si eres la pareja de alguien con este hábito, podemos expresar nuestro malestar sin criticar: «Me afecta de manera negativa que te quejes tan a menudo por cualquier cosa. Quizá no te das cuenta, pero que resoples cada poco, que tu actitud sea la frustración, me afecta. ¿Te has dado cuenta de eso?». A lo mejor tu pareja lo ha normalizado tanto que no es consciente.

En cambio, si la queja está dirigida a la relación, es importante que pongas un límite. A nadie le gusta sentirse presionado o tener la sensación de insuficiencia constante para su pareja. Cuando una persona se queja a menudo de cualquier pequeña cosa, se genera una relación cada vez más verticalizada en la que puede parecer que siempre haya un deudor y un acreedor insatisfecho. No estamos con alguien para satisfacer todas sus necesidades, tampoco es ni nuestro deber ni nuestra obligación y tienes derecho a poner el límite.

Este tipo de dinámica reduce el tiempo que podríais estar dedicando a momentos positivos, esenciales para mantener viva la relación. Al igual que la gratitud y la alegría son contagiosas, la queja y la negatividad también lo son. Incluso pueden crear un ambiente pesado en el que resulta difícil disfrutar.

Por supuesto, cada uno debe trabajar esto a nivel personal, pero a veces necesitamos que nuestra pareja nos haga notar esos hábitos negativos para poder cambiarlos. Lo bueno es que se puede corregir. La gratitud, por ejemplo, es una herramienta eficaz para cambiar nuestro enfoque de la vida y de la relación.

ME ESCUCHO: ¿SÉ AGRADECER?

- Durante los próximos diez días, cada mañana y cada noche, anota cinco cosas por las que estés agradecido ese día. Pueden ser pequeñas o grandes, no importa.
- Al final de esos diez días, reflexiona sobre cómo te sientes y observa si ha cambiado tu manera de ver tu día a día o tu relación.
- Haz lo mismo con tu relación de pareja, durante diez días esfuérzate para ver aquellas pequeñas y grandes cosas que hace por la relación. Al final, reflexiona sobre de qué maneras ha afectado a tu admiración, a las discusiones que tenéis (si las ha habido) y a la manera en la que le ves.

Priorizar no es renunciar

Otro de los desafíos que surgen con el paso del tiempo es encontrar el equilibrio entre nuestra vida personal y la relación. Queremos ser libres, tener una vida social activa, una carrera exitosa, tiempo para nosotros mismos…, pero también queremos una relación sólida y duradera. El problema es que, para que una relación funcione a largo plazo, debe ser una prioridad frente a otras áreas de tu vida.

Una manera efectiva de priorizarla es preguntarte ante cada decisión importante: «¿Esto beneficia mi relación (no solo a mi pareja) o puede perjudicar al progreso que hacemos juntos?».

Un ejemplo claro lo tenemos en Marc Randolph, cofundador de Netflix. A pesar de estar inmerso en la dirección de una de las empresas más importantes del mundo, siempre mantuvo sagrada su cita de los jueves por la noche con su pareja. Pasase lo que pasase, esa cita nunca se cancelaba. Daban un paseo, cenaban o veían una película, pero lo importante era no dejar que la presión del éxito o las responsabilidades laborales interfirieran en el cuidado de su relación.

Algunas personas podrían pensar que esto implica renunciar a otras cosas, pero, en realidad, priorizar la relación es un acto de generosidad. No debemos vivirlo como una pérdida, sino como una forma de fortalecer el vínculo y, por lo tanto, nuestra propia felicidad. Al priorizar a nuestra pareja, también nos beneficiamos nosotros mismos. Si seguimos cuidando la relación, sentimos mayor satisfacción y plenitud. Además, al ser vista y valorada, nuestra pareja también querrá dar lo mejor de sí misma, con lo que crearemos una relación basada en el apoyo mutuo y que logre trascender.

Los lenguajes del amor

¿Sabes qué son los lenguajes del amor? Este concepto lo popularizó el autor Gary Chapman en su libro *Los cinco lenguajes del amor*. Según Chapman, cada persona tiene una forma específica de expresar y recibir amor, así que entender estos lenguajes es fundamental para mantener relaciones saludables y satisfactorias. Los cinco lenguajes del amor que propone son:

• **Palabras de afirmación:** Expresiones verbales de amor, aprecio y cariño. Esto puede incluir cumplidos, palabras de ánimo o simplemente un «te quiero».

• **Tiempo de calidad:** Pasar tiempo significativo con la pareja, disfrutando de la compañía mutua, sin distracciones. Esto incluye escuchar activamente y participar en actividades juntos.

• **Regalos:** Los detalles, por pequeños que sean, demuestran que has pensado en tu pareja. No se trata del valor material, sino del gesto de atención.

• **Actos de servicio:** Realizar tareas o ayudar en actividades cotidianas que alivien la carga de tu pareja. Esto puede ser desde hacer la compra hasta preparar la cena.

• **Toque físico:** La expresión de amor a través del contacto físico, como abrazos, besos o simplemente tomarse de la mano.

Es esencial que tanto tú como tu pareja comprendáis cuál es vuestro lenguaje del amor, ya que esto permite una conexión más profunda y satisfactoria. A menudo, el problema surge cuando tratamos al otro como nos gustaría que nos trataran a nosotros, pero eso no siempre coincide con lo que necesita nuestra pareja en realidad. Por ejemplo, tal vez para ti sentirte querido implique recibir una nota romántica, así que decides escribirle una a tu pareja. Pero ¿y si a tu pareja le hace sentir querido que le prepares su postre favorito o que le llames durante el día para decirle cuánto lo o la admiras? Si no nos tomamos el tiempo de preguntarle cómo le gustaría recibir amor, es probable que malgastemos energía en acciones que no valorará de la misma manera, porque no son lo que necesita, así de simple. Para que no te pase esto, te propongo el siguiente ejercicio:

ME ESCUCHO: ¿CUÁLES SON NUESTROS LENGUAJES DEL AMOR?

- Pregúntale a tu pareja:
    - ¿De qué manera te sientes querido/a?
    - ¿Qué cosas hago o digo que te hacen sentir que te quiero?
    - ¿Hay alguna forma en la que te gustaría que te demostrase amor que no he hecho aún?
- Cuando tu pareja comparta sus pensamientos, escucha con atención. Puede que algunas de sus respuestas te parezcan poco importantes o incluso difíciles de entender. Sin embargo, es crucial que practiques la generosidad y la trascendencia en esos momentos, piensa en el «vosotros» en lugar del «tú».
- Crea una lista conjunta. Después de hablar, siéntate con tu pareja y elaborad juntos una lista de aquellas cosas que os gustan a cada uno. Podéis pegar esta lista en la nevera o en un lugar visible para tenerla siempre a mano. Así, cuando te apetezca hacer algo especial pero no sepas cómo acertar, tendrás esta chuleta para dar en el clavo.

Rutina *versus* monotonía

Una de las cosas que más nos hace sentir como una familia cuando comenzamos una relación son las tradiciones. ¿Quién no disfruta de esos viernes de pizza y peli, los martes de serie y palomitas, o los miércoles de libro y charlas? Saber que estáis creando nuevos recuerdos juntos y que estos permanecen en el tiempo genera una sensación de hogar, intimidad y compañerismo. Sin embargo, el problema es que muchas de estas actividades suelen incluir pantallas, lo que puede bloquear la oportunidad de tener conversaciones significativas, miradas sinceras y momentos de cercanía física.

La rutina, en sí misma, es algo positivo. Lo predecible aporta paz y seguridad, pero hay que tener cuidado de que no se convierta en monotonía. Lo que en realidad mantiene esa sensación de confort en la rutina suele ser saltársela de vez en cuando. Piensa en la sensación de volver a casa después de unas vacaciones. Al romper la rutina con algo novedoso y diferente en nuestra pareja, regresamos a lo nuestro con más ganas, porque en ese espacio distinto hemos recargado las pilas. Esas actividades de recarga no tienen que ser costosas ni requerir un gran esfuerzo; pueden ser tan simples como hacer un pícnic en el parque, comeros un bocadillo mientras contempláis el atardecer, dar un paseo por la naturaleza o cenar en vuestro restaurante favorito o en uno nuevo. Sentir que tu pareja ha dedicado tiempo a preparar algo distinto es un gesto que transmite cuidado, atención y cariño. Todo esto reconforta y te hace sentir visto, especial e importante.

Para mantener viva la llama de la curiosidad, comparto contigo unos ejercicios que te ayudarán a tener conversaciones interesantes con tu pareja, ya sea en esos días en que rompéis con la monotonía o mientras cocináis la cena y os preparáis para pasar tiempo juntos después de un día de trabajo:

• **El tarro de las ideas:** Si durante el día se te ocurren cuestiones que te gustaría debatir —ya sean serias, importantes o incluso tonterías—, anótalas en un papel y mételas en un tarro. Una vez al día o cada dos

La rutina, en sí misma, es algo positivo. Lo predecible aporta paz y seguridad, pero hay que tener cuidado de que no se convierta en monotonía.

días, dependiendo de vuestra energía y del tiempo que tengáis disponible, podéis sacar una nota al azar y hablar sobre el tema. ¡Nunca se sabe qué conversación interesante puede surgir!

• **¿Quién es quién?**: Si no se te ocurren preguntas o temas interesantes, puedes recurrir a libros o películas o series que veas para poder tener una conversación interesante y enriquecedora con tu pareja. El objetivo es seguir descubriendo quién es esa persona con la que decides compartir tu vida.

• **El poder de los recuerdos:** Una vez escuché a Marian Rojas hablar sobre los recuerdos, en concreto sobre un estudio del premio Nobel de Medicina Susumu Tonegawa en el que hablaba del impacto que tienen los recuerdos. Cuando recordamos momentos de gran impacto emocional en nuestras vidas, se activan las mismas áreas del cerebro que se activaron cuando lo vivimos por primera vez. «Recordar es volver a traer al corazón cosas bonitas», decía Marian Rojas. No solo es importante cosechar experiencias que nos unan en pareja, sino dedicarle un tiempo a recordarlas.

- ¿Cómo os conocisteis?
- ¿Qué es lo primero en que os fijasteis?
- ¿Quién dio el primer paso?
- ¿Qué momentos recuerdas con mucho cariño?

Los recuerdos servirán de gasolina cuando el presente sea gris, cuando haya entrado la adversidad en el hogar, la memoria de momentos bonitos vividos nos ayudará a recordar de dónde venimos, que somos un equipo y a dónde podemos llegar juntos, trascendiendo.

LO QUE HEMOS APRENDIDO

♥ Es importante organizar las tareas del hogar de manera equitativa para reducir el estrés y fomentar la igualdad.

♥ El objetivo no es ganar o perder las discusiones, sino encontrar un terreno común donde ambos miembros de la pareja estén cómodos.

♥ Con el tiempo, es fácil caer en la creencia de que conocemos completamente a nuestra pareja. Sin embargo, todos evolucionamos y es injusto no preguntar ni escuchar al dar por sentado cómo es nuestro compañero de vida.

♥ La queja frecuente puede afectar gravemente a la relación y crear una barrera emocional. Es importante que quien esté instalado en ella busque ayuda y practique la gratitud.

♥ Hacer de la relación una prioridad es clave para su éxito a largo plazo.

♥ Cada persona tiene una forma específica de expresar y recibir amor, es su lenguaje.

♥ La rutina aporta seguridad y paz, pero hay que tener cuidado de que no se convierta en monotonía.

Capítulo 10
La infidelidad:
cuando todo se tambalea

Infidelidades

Laura entró en mi consulta con el rostro descompuesto. Cerró la puerta, dejó caer su bolso al suelo y rompió a llorar. Yo no sabía exactamente qué había ocurrido, pero algo terrible debía de haber pasado. Así que dejé que liberara ese primer torrente de emociones, la acompañé hasta la silla y me senté a su lado. Después de un rato, con suavidad, le pregunté:

—¿Qué ha pasado?

—Me ha puesto los cuernos —respondió.

Llevábamos meses trabajando en su relación de pareja. Laura estaba lidiando con una baja autoestima, la difícil relación con su cuerpo, las cicatrices de una infancia marcada por el abandono emocional y la presión de dirigir su propia empresa. Todo esto la tenía sobrepasada y ella lo sabía. Su malestar afectaba a la relación, pero estaba haciendo un esfuerzo por mejorar. Sin embargo, había obstáculos que parecían insalvables: los celos. Laura libraba una batalla interna constante, intentaba discernir si esos sentimientos eran una señal de que algo no iba bien o si tan solo eran fruto de su inseguridad. ¿Estaba todo en su cabeza?

Como terapeuta, más que descubrir «la verdad», lo que importa es la realidad tal como la vive el paciente. Cada persona tiene su propia verdad y en terapia no se trata de hacer de detectives. Por muy útil que fuera tener una grabación de los hechos que nos cuentan los pacientes, también sería peligroso, porque activaría nuestros propios prejuicios y formas de interpretar el mundo. Lo esencial es entender cómo percibe y vive la situación quien está frente a nosotros.

Cuando Laura llegó ese día, destrozada tras descubrir de la peor manera posible que sus sospechas eran ciertas, esperaba que yo le ofreciera una solución rápida para aliviar ese dolor profundo que la ahogaba. Lo que aún no sabía —y lo descubriría poco a poco— es que ese momento no era el final, sino el comienzo de un largo camino de recuperación. Un camino lleno de baches, momentos amargos, rendiciones temporales, vulnerabilidad, reparación, aprendizaje y, sobre todo, gestión emocional en medio de la tormenta.

—No sé qué hacer, Alicia —dijo al fin con la voz quebrada.

—Es normal, Laura. No tienes que tomar una decisión ahora mismo.

—Pero quiero que esto se acabe.

—¿Te sientes capaz de decidir algo en este momento?

—No…, pero no quiero seguir sufriendo. Me duele el alma. Lo odio, pero tampoco quiero que se vaya.

Esa dicotomía la acompañaría durante mucho tiempo. Porque, aunque resulte paradójico, la persona que te ha herido también tiene el poder de ayudarte a sanar.

Antes de seguir adelante, quiero hacer una aclaración importante: este libro no trata de juzgar a las personas, sino de reflexionar sobre las acciones que cometemos. Las acciones no siempre nos definen por com-

La persona que te ha herido también tiene el poder de ayudarte a sanar.

pleto, pero a menudo marcan el ritmo, la dirección y las intenciones con las que guiamos nuestra vida.

¿Qué es una infidelidad?

Hay tantos tipos de infidelidad como personas en este mundo: chats, intercambio de fotografías, pornografía, llamadas sexuales, conversaciones vulnerables e íntimas, relaciones no consensuadas dentro de una relación abierta, estar secretamente activo en apps de citas… Cada uno pone el límite en un lugar concreto, cada persona tiene un idioma distinto al hablar de infidelidades. No se trata de un concepto universal, por eso es tan importante hablar de ello cuando estamos iniciando una relación. Algo que para ti puede parecer trivial, para tu pareja puede ser una línea roja y, si se cruza, no hay vuelta atrás. O, al contrario, podríamos exponernos a un dolor innecesario por no haber dejado las cosas claras desde el principio.

¡Cuánto dolor nos ahorraríamos si tuviéramos esa conversación a tiempo! Pero, en vez de eso, vamos aprendiendo sobre la marcha y definimos los acuerdos de fidelidad a medida que los rompemos. Cada vez que expresamos incomodidad, disgusto o decepción, trazamos un nuevo límite. Lo que todas las infidelidades tienen en común es cómo se sienten: al final, lo que predomina es una sensación de traición y deslealtad, aunque la intensidad varíe.

Según la psicoterapeuta y divulgadora Esther Perel, hay cuatro componentes que definen una infidelidad:

• **Unilateralidad:** Cuando uno de los miembros de la pareja decide ser infiel sin consultarlo con el otro. En relaciones monógamas, es más fácil de entender, pero en relaciones abiertas la cosa se complica. Si la pareja tiene un acuerdo, como avisar antes de estar con alguien más, romper

LA INFIDELIDAD

ese pacto puede considerarse una traición, aunque técnicamente no haya
«infidelidad» en el sentido tradicional.

• **Secretismo:** Es la esencia de la infidelidad y lo que la hace tan
atractiva. Como cuando los niños se cuentan secretos y se sienten poderosos, a los adultos nos pasa algo similar. El hecho de ocultar algo rompe
reglas, genera emoción y nos hace sentir libres. Pero vivir con un secreto
constante desgasta y, al final, pesa más de lo que emociona.

• **Alquimia sexual:** No todas las infidelidades tienen sexo, pero siempre son eróticas. La imaginación y el deseo pueden ser tan poderosos como
el propio acto sexual. La excitación también está en lo prohibido y en lo
que no sucede. Por eso, algunas parejas necesitan poner límites claros sobre
qué consideran una traición: ¿Es solo sexo? ¿O fantasear también cuenta?

• **Involucración emocional:** De los creadores de «¡No pasó nada!»,
llega «¡No significó nada!». Hay personas que sufren más por la infidelidad emocional que por la sexual. Invertir tiempo, emociones y vulnerabilidad con otra persona puede ser tan devastador como una infidelidad
física y, a menudo, la una lleva a la otra.

«¿Cómo has podido?», o por qué somos infieles

Soledad, negligencia en la pareja, adicciones, años de carencia sexual,
arrepentimiento, juventud perdida, necesidad de libertad o de atención, apego recibido… Estas y muchas otras más son las posibles causas
de infidelidad del día a día. Sin embargo, en la mayoría de los casos de
infidelidad que he tratado, la falta de comunicación de las bases de la pareja, del compromiso, de la intimidad y de los límites es lo que ha llevado
a que las personas entren en conflicto con sus propios comportamientos
y deseos y acaben dejándose llevar.

La infidelidad no siempre está relacionada con la falta de amor, sino con el descuido y el olvido. Aunque suene curioso, se nos puede olvidar que amamos a nuestra pareja, ya que el amor es acción. Como ya hemos visto, cuando dejamos de trabajar, todo puede perder su brillo. Cuando el resplandor desaparece, es más sencillo que esas necesidades no cubiertas pidan a gritos que alguien las cuide y por error salimos a buscar fuera lo que no encontramos dentro. La imagen empieza a ser más nítida cuando aparece la culpa y ese amor que está dormido clama no haber sido respetado. Puedes querer a quien eres infiel, pero ni bien ni activamente ni profundamente.

El deseo es libre, pasional, demandante de sorpresa y de aventura; es hedonista, pícaro y salvaje. El amor es estable, cuidadoso, comprometido, empático, seguro, demanda compromiso, lealtad y cuidado. Antes, el deseo se buscaba fuera de casa, pero hoy queremos todo en nuestra pareja: el amante y el compañero. Queremos seguridad y pasión, estabilidad y sorpresa, familiaridad y novedad. Ponemos tanta energía en encontrar al fin a esa persona que nos lo proporcione todo que la cargamos de expectativas y promesas que difícilmente llegarán a cumplirse. Con ello, llega la decepción del amor romántico y la búsqueda insaciable por vivir esa historia de amor hasta el final.

¿Por qué duele tanto?
La persona traicionada

Si eres la persona a quien han traicionado, lamento decirte que no hay manera de prepararte para una noticia así. La imagen que tenías de tu vida, tu identidad y tu mundo puede parecer que se rompe en mil pedazos.

Es importante que sepas que es completamente normal experimentar tantos cambios psicológicos como fisiológicos al enterarte de una infidelidad. El proceso de sanación no es lineal y te verás atrapada en una vorágine de emociones y pensamientos contradictorios durante cierto tiempo. «¡Te odio!», «¡Te quiero!», «¡Vete de aquí, no quiero ni verte!», «¡No me dejes, por favor!»..., dirás, motivada por la ira, la nostalgia, la tristeza, la alegría, la rabia, la envidia, el asco, el deseo, el miedo... El mundo que conocías hasta ahora ha desaparecido y necesitarás tiempo y esfuerzo para procesar el duelo que vivirás, tanto a nivel individual como de pareja.

Cambios fisiológicos

Es posible que hayas tenido dos tipos de reacciones diferentes:

1. Modo alerta total: Tu cuerpo entra en un estado de hiperactividad, como si estuvieras en guardia todo el tiempo. Empiezas a observar cada detalle, buscas más señales de engaño, revisas cosas que antes habías pasado por alto. Esto se debe a que el estrés activa hormonas, como la adrenalina y el cortisol, que te mantienen en tensión. Esta sobrecarga emocional puede hacerte sentir agotada, aterrada e incluso confundida. Puede que te cueste dormir o que te despiertes varias veces en mitad de la noche y al día siguiente sigas sintiendo que no has descansado nada. También es normal que te desorientes, como le pasó a una paciente que tuvo que ir hasta en tres ocasiones a la impresora de su trabajo porque, cuando llegaba, se le olvidaba por qué estaba ahí.

2. Modo pausa emocional: En algunos casos, tu cuerpo, abrumado por el dolor, se defiende apagando un poco tus emociones. Libera sustancias que actúan como un calmante natural, algo parecido a la morfina, para disminuir el sufrimiento. Este mecanismo de protección te hace sentir desconectada, como si estuvieras en una especie de letargo o suspensión. Pierdes el interés en lo que te rodea, te cuesta concentrarte y tu mente parece vagar sin rumbo. Es como estar viva, pero sin vivir, como estar en una especie de letargo emocional.

Impacto psicológico: Las nueve pérdidas

Janis A. Spring, en su libro *Después de la infidelidad*, habla de que la parte traicionada puede experimentar nueve pérdidas, todas ellas relacionadas con la pérdida de uno mismo:

1. Pérdida de identidad: La infidelidad puede provocar una crisis de identidad. Te cuestionarás quién eres y si realmente conocías a tu pareja. Esto puede llevar a sentimientos de culpa y a un quiebre en tu autoconcepto.

2. Pérdida de sensación de ser especial: La idea de ser la «persona especial» en la vida de alguien se desmorona con la infidelidad, lo que genera una profunda decepción al sentir que no eras tan único como creías.

3. Pérdida de amor propio al renunciar a tus valores para conseguir que tu pareja regrese: Suele ocurrir en la etapa inicial y es una de las cosas que luego cuesta más perdonarse a uno mismo. En el intento de recuperar a tu pareja, puedes dejar de lado tus principios y valores, lo que puede llevar a un profundo resentimiento hacia ti mismo.

4. Pérdida de amor propio por no reconocer el agravio: Aceptar que has sido herido puede ser doloroso. La autocrítica surge cuando te das cuenta de que ignoraste las señales de advertencia. Cuando pasa el tiempo, algunos pacientes tienen autorrevelaciones en consulta. Recuerdo uno de ellos que me dijo: «En el fondo, lo sabía. Lo supe durante tiempo, pero no lo quise ver. ¿Cómo fui tan tonto?». Cuando los ojos se abren, los recuerdos que acallamos conscientemente salen a la luz en forma de castigo.

5. Pérdida de control sobre tus pensamientos y acciones: La infidelidad puede desatar pensamientos intrusivos y obsesivos, lo que dificulta la capacidad de manejar tus emociones y recuerdos.

6. Pérdida de la sensación fundamental de orden y justicia en el mundo: Cuando una infidelidad te zarandea, es normal que te replantees tus creencias sobre la justicia. Quizá hasta ahora creías en el karma (si tratas bien, la vida te devolverá cosas buenas), y ahora piensas que tus acciones no garantizan que los demás te traten de manera justa.

7. Pérdida de confianza en la vida: La herida emocional puede hacerte sentir abandonado o castigado, lo cual afecta a tu relación con la fe y la esperanza. Por ejemplo, si crees en Dios puede que te sientas abandonado por partida doble: por Él y por tu pareja.

8. Pérdida de conexión con los demás: La infidelidad puede generar sentimientos de vergüenza e inferioridad. Es normal que a menudo tengas la necesidad de desahogarte y de verbalizar cómo te sientes y que, por otro lado, a veces te arrepientas de que los demás lo sepan porque te gustaría que jamás se mencionase y que no vieran un ápice de debilidad en ti. Puede que empieces a percibir las relaciones como hostiles y que quieras aislarte.

9. Pérdida de sensación de propósito, incluso la voluntad de vivir: La devastación emocional puede provocar una pérdida de sentido en la vida y dejarte sin motivación para seguir adelante. Buscar ayuda en estos momentos es crucial.

¿Y ahora qué?
La persona que traiciona

Cuando la persona que ha cometido la infidelidad es descubierta o confiesa se enfrenta a muchos conflictos. Puede que quiera salvar su matrimonio, que decida abandonarlo porque se ha enamorado del amante, que quiera cortar con su pareja, pero al mismo tiempo lo viva como un fracaso...

Si eres la persona infiel, es muy posible que, durante un tiempo, sientas alivio por haberte quitado ese gran peso de encima. No obstante, es posible que en ese momento permanezca el mismo conflicto que te llevó a la infidelidad. Puede que una parte de ti, debido a la posibilidad de pérdida definitiva, sienta la necesidad de que la situación se arregle con tu pareja, te invada la culpa y la amargura de haber dañado tu vida con ella; al tiempo que otra parte de ti siga anhelando cubrir aquella carencia que te llevó en un inicio a buscar algo fuera de los límites de tu relación.

Sentimientos contradictorios

Aunque quien sufre una sensación de pérdida muy debilitante es la persona traicionada, quien traiciona tiene un caos interno y muchos sentimientos intensos y contradictorios. Para empezar, es importante que los identifiques:

• **Alivio:** Una vez que la verdad sale a la luz, es común sentir una liberación, como si te quitaras un peso de encima al dejar de vivir con las mentiras.

• **Impaciencia:** «¿Qué más quieres de mí? Ya he dado por terminada la relación, ya te he pedido disculpas». Esto le contestó Lara a Iván en terapia. Iván percibió esa pregunta como una forma de invalidación total y entendió que para ella la infidelidad no había sido tan grave. La realidad de Lara era que estaba tremendamente desesperada y deseaba que su pareja dejara de sufrir. Deseaba que ese capítulo tan horrible de su vida pasara ya y poder ser felices juntos. Sin embargo, en cuestión de segundos se rompe una confianza que puede tardar incluso años en repararse por completo... Es posible que, una vez revelada la infidelidad, sientas la urgencia de resolver las cosas enseguida. Esta urgencia refleja un deseo egoísta de dejar de sentir culpa por el malestar que tu pareja experimenta.

ME ESCUCHO: ¿POR QUÉ TENGO PRISA?

Si lo que has leído sobre impaciencia te ha interpelado, te propongo un ejercicio para comprender de dónde sale. Coge una libreta y un bolígrafo y responde las siguientes preguntas:

* ¿Qué es este malestar que estoy experimentando?
* ¿Qué significa esta necesidad de pasar página tan rápido?
* ¿Por qué esa ansiedad por reconstruir la relación cuanto antes?

No te censures. Déjalo salir. Después, léelo tantas veces como necesites.

No puedes esperar que con un simple «Lo siento, me equivoqué, no volverá a suceder» tu pareja asuma que has cambiado y que no tiene por qué preocuparse, ya que nunca más volverá a ocurrir. A veces, intentamos que nuestro compañero de vida pase página enseguida argumentando que la infidelidad marca un punto y aparte en la historia, y que solo debe fijarse en nuestra conducta presente y mirar hacia el futuro. Sin embargo, como solía decir mi madre: «Lo hecho, hecho está», así que hay que mirar hacia delante.

Estas son algunas de las cosas que puedes estar sintiendo tras la infidelidad:

1. Ansiedad crónica. Es posible que sientas la necesidad de hacer cambios drásticos en tu vida, todo de una vez. Esta huida hacia delante, llena de actividades, puede funcionar al principio como una forma de evadir la realidad, de mantener la mente ocupada para que el tiempo pase más rápido, de sentir que tienes el control de tu vida y que todo está volviendo a la normalidad… Sin embargo, tarde o temprano, necesitarás enfrentarte a las profundidades de tu ser, a tus emociones, a las carencias y a las razones que te llevaron a buscar fuera de tu relación.

2. Ausencia de culpa. Algunas personas no sienten culpa al principio. Esto puede deberse a un intento de sabotear la relación o a justificaciones que minimizan el impacto de la infidelidad. Ahí van algunos motivos de esta ausencia de culpa:

- Has dado por terminada la relación y estás utilizando la infidelidad para acelerar tu salida.
- Estás enfadada con tu pareja. Puede que sientas que has dado mucho a cambio de poco o nada, que has sacrificado metas o sueños importantes durante años. Quizá tu ira sea mayor que tu culpa.
- Estás tan eufórico con la aventura que no consideras el impacto que ha tenido en los demás. Cuando pase la fase de luna de miel, te preguntarás cómo pudiste estar tan ciego.
- Tienes creencias que pueden justificar la infidelidad, aquí algunos ejemplos:
  — «Mi infidelidad es permisible siempre y cuando ame a mi pareja».
  — «Lo que mi pareja no sepa no le hará daño».

— «Un rollo de una noche, una aventura, no cambia nuestra relación».

— «Solo tengo una vida y merezco ser todo lo feliz que pueda».

3. Duelo por la pérdida del amante. Es totalmente natural sentir este duelo, ya que esa persona a la que quizá acudiste para suplir carencias, ya no estará si has decidido dejarla. Es normal que te pese todo aquello que te proporcionaba y que vas a perder. Puede haber sido comprensión y empatía, haberte escuchado, dado sexo y pasión, o simplemente haberte proporcionado frescura y diversión. Sea lo que sea, si has decidido activamente que ya no esté en tu vida, es lógico que esa ausencia sea notable. Es posible que el duelo o la culpa por la pérdida del amante sean incluso más dolorosos e irritables para tu pareja que la infidelidad en sí misma, ya que puede ver como una humillación que, después de todo el dolor causado, ese amante aún tenga peso en tu vida en forma de tristeza y melancolía.

4. Culpabilidad con los hijos. Una de las preocupaciones más comunes en terapia es el miedo a perder el respeto y el amor de los hijos. No podrás controlar por completo la reacción de tus hijos, no habrá un momento ideal ni palabras mágicas que alivien el dolor o anticipen sus reacciones para abordarlas de la mejor manera posible. Sin embargo, tus hijos crecerán y tendrás muchas oportunidades para hablar con ellos, por lo que es muy probable que sus sentimientos hacia ti y tu infidelidad cambien con el tiempo. Tu propia comprensión sobre lo sucedido también cambiará, así como tu forma de explicarlo.

5. Parálisis por análisis. Cuando la infidelidad se revela y no sabes qué hacer, pero ambas relaciones (la de tu amante y la de tu pareja oficial) exigen una decisión rápida, puedes sentirte absolutamente bloqueado, incapaz de moverte. Quedarte, huir con tu amante, decir adiós, romper con todo… Nada parece claro y toda solución parece estar acompañada de compromisos y renuncias. Tal vez tu relación con tu pareja no sea tan terrible, ni tu relación con tu amante tan ideal. En medio de ese mar de dudas, es posible que te preguntes si aún amas a tu pareja, por qué te están sucediendo estas cosas a ti y cómo puedes salir de este atolladero… El amor no es puro, está hecho de muchos sentimientos complejos y, a veces, contradictorios. Mientras una parte de ti dice: «Ojalá nunca hubiera conocido a mi amante, quisiera quedarme siempre con mi pareja», otra parte dice: «Ojalá pudiera irme con mi amante sin consecuencias». Las personas no están diseñadas para sentirse de una sola manera acerca de nada… y mucho menos del amor.

6. Encerrarte en la vergüenza. Tienes todo el derecho a experimentar tristeza, culpabilidad o vergüenza. De hecho, es saludable que las sientas. Es parte de tu proceso para aceptar lo que ha sucedido. Sin embargo, lo que no te beneficia es quedarte atrapado en estos sentimientos y emociones de manera que te impidan estar disponible para tu pareja. Si eso ocurre, tu pareja se sentirá abandonada, percibirá que no te estás responsabilizando de forma madura para reparar los efectos dañinos de tus acciones.

La culpabilidad puede ser un recordatorio saludable de que has sido deshonesto contigo mismo, un mensaje que te permite vivir más alineado con tus valores. Sin embargo, si te hunde en el suelo, no estás aprendiendo nada. Ten en cuenta lo siguiente: si permites que la vergüenza desencadene un ciclo de autocastigo, no podrás aprovechar el «regalo» que este sentimiento guarda para ti. Tus emociones y sentimientos están ahí para ayudarte a sobrevivir y adaptarte a tu entorno y circunstancias. Es mucho más sensato enfrentar tu vergüenza que permitir que tu diálogo interno te humille. Además, esto te aportará dignidad y autoestima, lo cual es crucial. Por lo tanto, te sugiero que no dirijas tus reproches hacia ti como individuo, sino hacia aquellas cualidades específicas que te disgustan o consideras inadaptaciones. Tal vez estas te hayan llevado a tratar a tu pareja con maldad y engaño durante tu infidelidad. Una vez que identifiques estos atributos negativos, puedes trabajar para remodelarlos y prepararte para un cambio constructivo y para perdonarte.

El camino de la aceptación

La postura de quien ha sido infiel no es sencilla. Si este es tu caso, tienes un gran trabajo por delante que va a requerir coraje y compromiso. Tendrás que ser valiente para mirar hacia dentro y entender qué te ha llevado a cometer esa infidelidad. También para enfrentar el dolor que has causado, tanto a tu pareja como al entorno afectado: hijos, familia, amigos e incluso el ámbito laboral.

En esta situación, tienes dos caminos:

1. Victimizarte: Todos somos, en cierto modo, víctimas de nuestras circunstancias. Sin embargo, vivir bajo ese paraguas nos deja paralizados, incapaces de tomar el control y cambiar nuestro destino. A largo plazo, esta actitud no te servirá de nada. Tampoco será útil para quienes te rodean, ya que se sentirán invalidados en su propio dolor y frustración.

Es posible que te digas cosas como: «es que la monotonía me mataba» o «todos necesitamos hacer algo nuevo de vez en cuando». Son excusas comprensibles, pero si te quedas ahí, lo único que conseguirás es justificarte y no asumir la verdadera responsabilidad. Estas justificaciones pueden aliviar momentáneamente la culpa, pero no te ayudarán ni a crecer ni a reparar el daño que has causado.

2. Asumir la responsabilidad: Aunque al principio pueda resultar doloroso, te aseguro que asumir tu parte en lo ocurrido es mucho más liberador de lo que parece. La culpa aparecerá inevitablemente. Pero no será un lastre eterno si la enfrentas de manera consciente. En lugar de aplastarte, la culpa puede enseñarte, darte perspectiva sobre ti mismo y tu relación, incluso ayudarte a evitar que repitas el mismo error en el futuro.

Si eliges el segundo camino, quiero recordarte algo importante: No eres ni lo que piensas ni enteramente lo que haces. Es cierto que nuestras acciones, en parte, nos definen. Pero también es verdad que muchas veces actuamos por inercia, miedo o ignorancia, sin ser plenamente conscientes de nuestras decisiones. Haber cometido una infidelidad no te convierte en una mala persona. Las buenas personas también cometen errores y, en este caso, el sufrimiento que has provocado no fue la causa, sino la consecuencia de tus actos.

Eso sí, es crucial que reconozcas que nadie te ha obligado a ser infiel. Siempre tuviste la opción de detenerte, de reflexionar sobre las repercusiones y de decidir si realmente querías seguir adelante. Sentir rechazo hacia ti mismo o hacia ti misma es normal cuando eres consciente del daño que has causado, pero el paso más sano es aceptar lo que ha sucedido y comprometerte a reparar el daño. La relación ahora está en una zona de riesgo y es importante que reflexiones si deseas continuar o ponerle fin.

Para avanzar, es fundamental que te hagas algunas preguntas:

1. ¿Por qué lo hice?
2. ¿Para qué lo hice?
3. ¿Qué sentía antes de cometer la infidelidad?
4. ¿Cómo era yo en ese momento?
5. ¿Qué activó en mí esa persona?
6. ¿Qué sentía mientras estaba con ella?

Estas preguntas pueden ser dolorosas, pero traerlas a la conciencia te ayudará a entender qué te llevó a tomar esa decisión. Solo cuando seas honesto contigo mismo y explores esas respuestas, podrás evitar volver a sentir la misma necesidad en el futuro.

¿Es posible la reparación? ¿Me quedo o me voy?

Tanto si eres la persona que ha cometido la infidelidad como si eres quien la ha sufrido, es natural que te asalten dudas sobre si hay algo salvaguardable en vuestra relación, algo desde donde podáis reconstruirla juntos. Seguir o no después de una infidelidad es una decisión personal y no hay una única respuesta correcta, pero hay algunos aspectos importantes que debes considerar antes de tomarla:

• **La profundidad del vínculo emocional:** Reflexiona sobre el tipo de relación que tienes. ¿Existen aspectos que aún valoras? ¿Sentías una conexión emocional significativa antes de la infidelidad? Si la respuesta es sí, quizá haya una base desde la que se pueda reconstruir.

• **La responsabilidad y el arrepentimiento:** ¿Hasta qué punto es sincero el arrepentimiento de la persona que cometió la infidelidad? ¿Está dispuesta a asumir la responsabilidad y trabajar activamente para reparar el daño? Sin un compromiso genuino de querer cambiar, el proceso de recuperación será mucho más difícil.

• **Tu propia capacidad de perdonar:** El perdón no es automático ni sencillo. Pregúntate si crees que serás capaz, con el tiempo y con el trabajo adecuado, de perdonar y dejar atrás el rencor. Aunque es clave para avanzar, el perdón no debe ser apresurado ni forzado.

• **El impacto en tu bienestar emocional:** Es fundamental evaluar cómo te está afectando emocionalmente la situación. Si continuar en la relación te genera más daño que bienestar, quizá debas reconsiderar tu decisión. No obstante, también es importante recordar que el dolor inicial puede suavizarse con el tiempo y el trabajo adecuado.

Si después de reflexionar sobre todo esto decides no seguir adelante, estoy segura de que has tomado la decisión correcta. Recuerda que tú eres la protagonista de tu vida. Puedes intentar comprender por qué esa persona que amas actúa de manera dañina, pero tolerarlo no es tu papel. No es tu responsabilidad cambiar a nadie. Esa es una fantasía que solo lleva a frustración y a finales insatisfactorios. Tu papel es vivir relaciones que te llenen, te hagan crecer y te inspiren a ser mejor persona.

Haz un repaso de tu vida antes de que esa persona llegara: ¿Era mejor, peor o igual? ¿Sigues manteniendo esas amistades que te hacían sentir bien? ¿O, por el contrario, te sientes más aislado, con menos opciones, más inseguro o insuficiente? Si es así, probablemente la mejor decisión sea no continuar con esa relación.

Todas las relaciones tienen momentos duros: decepciones, errores, incluso duelos. Pero, si al mirar con perspectiva, una relación te genera más sufrimiento que felicidad, entonces ha perdido su sentido.

Por último, hay muchas cosas que se pueden trabajar en una relación: el aburrimiento, las dudas, la falta de sexo, los problemas de comunicación, incluso las infidelidades. Pero lo que no debe trabajarse es la maldad, las intenciones dañinas o el odio disfrazado de amor. Eso no. A veces, soltar es la mejor manera de ganar.

¿Por qué vale la pena intentarlo?

A pesar del dolor que provoca una infidelidad, muchas parejas deciden seguir adelante y reconstruir su relación. ¿Por qué? Porque, si ambas partes están dispuestas a hacer un esfuerzo sincero, la relación puede salir

Puedes intentar comprender por qué esa persona que amas actúa de manera dañina, pero tolerarlo no es tu papel.

más fuerte. Estos son algunos motivos por los que podrías considerar intentarlo:

• **Una oportunidad para el crecimiento:** Las crisis son oportunidades para aprender y crecer. Aunque pueda parecer contradictorio, muchas parejas descubren aspectos que antes habían descuidado o no habían visto claramente en su relación.

• **Reconectar desde un lugar más honesto:** Una infidelidad obliga a poner todo sobre la mesa: deseos, carencias, inseguridades. Este tipo de transparencia puede ayudar a que la relación sea más auténtica y madura. Ambos tendréis que trabajar para crear un espacio donde se os permita ser vulnerables sin juicios.

• **La posibilidad de construir una nueva relación:** Algunas parejas llegan a decir que, tras la infidelidad, han construido una relación mejor de la que tenían antes. Esto se logra cuando ambos miembros se comprometen a hacer cambios profundos y a dejar de lado los patrones tóxicos o poco saludables que los llevaron a esa situación.

¿Cómo restaurar la relación?

Esther Perel diferencia tres tipos de parejas después de una infidelidad: las que se aferran al pasado (las sufridoras), las que lo superan con sus propias herramientas y lo dejan ir (las constructoras) y las que renacen de sus cenizas y crean una unión mejor (las exploradoras). Si quieres que tu pareja y tú sanéis de verdad después de una infidelidad, tienes que luchar para ser de este último grupo.

Si habéis decidido seguir adelante, el siguiente paso es trabajar en la reparación de la relación. Este proceso requiere tiempo, compromiso y paciencia por parte de ambos. A continuación, algunos pasos clave:

• **Cambios observables:** Es fundamental que se introduzcan cambios concretos y palpables en la relación. La persona que ha sido infiel debe tomar medidas claras para reconstruir la confianza, esta es la única manera de salir airosos tras una infidelidad.

ME ESCUCHO: ¿QUÉ NECESITO PARA SENTIRME MÁS SEGURO?

1. Haz una lista de cambios específicos que te ayudarían a sentirte más tranquilo y seguro en la relación.
2. Comparte esa lista con tu pareja y trabajad juntos en implementarla.

Recuerdo una historia que mi madre me contó hace años sobre una pareja en la que él mantenía una relación paralela. Los hijos acababan de irse de casa y ambos habían descuidado su relación hasta convertirse en simples compañeros de hogar. Ella le escribió una carta y le pidió que, durante unos meses, simplemente la tomara en brazos y la llevara a la cama para dormir. Era lo único que le pedía y, después, podrían hablar sobre su relación y tomar la decisión que consideraran más adecuada. A regañadientes, él aceptó. Los primeros días fueron incluso incómodos, pero con el tiempo, ese minuto en brazos se convirtió en sonrisas. Luego en un beso en la mejilla, después un abrazo y, finalmente, los minutos se acumularon y comenzaron a hablar cada noche. Él terminó su romance y, después de un proceso largo de terapia, tienen una relación satisfactoria para ambos.

• **Establecer nuevos hábitos de comunicación:** Las pequeñas acciones diarias son las que marcan la diferencia. Asegúrate de que ambos estéis dispuestos a reforzar la comunicación, a compartir pensamientos y sentimientos, incluso cuando no sea fácil. Algunos ejemplos de nuevas dinámicas que podríais introducir:

— Coméntame cuándo te encuentres con la persona de la aventura o escuches hablar de ella.

— Llámame o mándame un mensaje durante el día para mantener el contacto.

— Cuéntame cuándo te sientes orgulloso de mí.

— Vayamos a terapia juntos para trabajar en la reconstrucción de la confianza.

• **Manejar las preguntas difíciles:** Es probable que aparezcan dudas, imágenes perturbadoras o preguntas incómodas durante el proceso de recuperación. La persona que fue infiel debe estar preparada para afrontarlas con empatía, sin adoptar una actitud defensiva. Al mismo tiempo, la persona herida debe tener en cuenta que no todas las respuestas le ayudarán a sanar; algunas podrían incluso causar más dolor.

ME ESCUCHO: ¿DE VERDAD NECESITO SABER ESTO?

1. Antes de hacer una pregunta difícil a tu pareja, pregúntate: «¿Esta respuesta me ayudará a mí o a la relación?».

2. Escribe las preguntas que te atormentan y analiza cuáles realmente necesitas hacer para avanzar y cuáles podrían empeorar las cosas.

• **La transferencia de vigilancia:** Un concepto útil en la reconstrucción de la confianza es la «transferencia de vigilancia», propuesta por Janis Abrahms Spring y explicada por Esther Perel. Consiste en que la persona que fue infiel tome la iniciativa de anticiparse a las preocupaciones de su pareja y brinde respuestas antes de que las preguntas surjan. Esto permite que la persona herida encuentre descanso y comience a recuperar un sentido de seguridad en la relación.

ME ESCUCHO: ¿ESTOY PROTEGIENDO A MI PAREJA DE SUS PROPIOS PENSAMIENTOS?

Sobre todo al principio, que será cuando tu pareja tenga más preguntas y algunas de ellas sean tremendamente dolorosas, adelántate y explícale aquellas que consideres importantes. Recuerda que habrá detalles que puedan herirle de manera innecesaria. El lugar, la cantidad de veces, qué sentiste, qué pensaste, dónde estaba tu pareja en esos momentos, qué hiciste después… Es probable que necesite saber, en el caso de que haya habido relaciones sexuales, si has empleado prácticas nuevas con esa persona o cosas que con tu pareja no, y eso tiene derecho a saberlo. El hecho de que tomes la iniciativa, siempre preguntándole previamente si es un buen momento o si desea saberlo, le demostrarán a tu pareja tu disposición a la apertura, tu reconocimiento y tu actitud a la recuperación.

ME ESCUCHO: ¿QUÉ SEÑALES ME TRANQUILIZAN?

1. Reflexiona sobre qué comportamientos o acciones de tu pareja te hacen sentir más seguro.
2. Pídele que incorpore esas acciones en su día a día.

Reconstruir una relación después de una infidelidad no es un proceso lineal ni tampoco rápido. Requiere trabajo continuo, paciencia y, sobre todo, un compromiso real por parte de ambos. Si decides seguir adelante, acepta que los errores del pasado no definen el futuro y que ambos podéis transformar la relación en algo más fuerte y auténtico. Lo principal es que haya cambios observables.

Al final, la decisión de quedarse o de irse es tuya. Sin embargo, si decides intentarlo, hazlo con el convencimiento de que, a pesar del dolor, el amor puede salir reforzado cuando ambos os comprometéis a sanar, crecer y mejorar.

NOS ESCUCHAMOS: NUESTROS VOTOS

Te propongo un ritual que fortalecerá vuestro compromiso, que el terapeuta Óscar González explica en su libro *Cómo recuperar tu vida y tu relación (si es lo que quieres) tras una infidelidad.* Consiste en que cada integrante de la pareja pronuncie sus votos para renovar la relación.

La persona que ha sido infiel:

«Yo, [nombre], me comprometo a facilitar la sanación de tu herida. A respetar tu proceso de sanación. A darte el espacio y el tiempo que necesites para sanar. Me comprometo a acoger tu dolor y tu necesidad de manera compasiva, paciente y amorosa, así como a evitar adoptar una actitud defensiva o evasiva ante la expresión de tu malestar. Me comprometo a poner límite a tu expresión de malestar de manera compasiva y amorosa, para evitar que tanto tú como yo nos sintamos sobrepasados o se produzca un incidente lamentable entre nosotros. Me comprometo a buscar honestamente dentro de mí un relato responsable y consciente acerca de qué me llevó a darme permiso para involucrarme con una tercera persona. Un relato que me permita ser consciente de mi proceso mental y compartirlo contigo de manera compasiva. Me comprometo a esforzarme en adoptar una actitud proactiva en la recuperación de la seguridad de nuestro vínculo emocional. Me comprometo a mantener mi motivación durante el proceso, a pesar de los momentos desagradables que puedan ocurrir. A todo ello me comprometo».

La parte herida:

«Yo, [nombre], me comprometo a facilitar la sanación de mi herida. Me comprometo a hacer todo lo posible para regularme emocionalmente en mis momentos de agitación. Me comprometo a hacer todo lo posible para no expresar mi malestar de manera agresiva, a no castigarte de manera intencionada. Me comprometo a comunicar mi inquietud y mi necesidad de manera compasiva. Me comprometo a poner límite a mi interacción contigo cuando te sientas sobrepasado emocionalmente. Me comprometo a valorar y reforzar tu esfuerzo por sanar mi herida y a recuperar la seguridad de nuestro vínculo emocional. Me comprometo a esforzarme por mantener mi motivación durante el proceso, a pesar de los momentos desagradables que puedan ocurrir. A todo ello me comprometo».

LO QUE HEMOS APRENDIDO

♥ La infidelidad no es un concepto universal. Cada persona define sus propios límites, por lo que es importante establecer acuerdos claros desde el inicio de una relación.

♥ La traición emocional y sexual puede desencadenar profundas pérdidas personales, como la identidad, el amor propio y la confianza en el mundo.

♥ La persona infiel experimenta sentimientos contradictorios como alivio, culpa y ansiedad tras ser descubierta. Asumir la responsabilidad, en lugar de victimizarse, es clave para avanzar y reparar el daño causado.

♥ La decisión de seguir o no tras una infidelidad depende de la conexión emocional, el arrepentimiento sincero y la capacidad de perdonar.

♥ Para reconstruir la relación, se necesitan cambios observables. Sin estos, no hay forma de reparar el vínculo.

Capítulo 11
Tenemos que hablar de dinero

El dinero es uno de esos temas que, por más que intentemos evitar, siempre está presente en nuestras vidas. Por curioso que parezca, aunque todos lo necesitamos y dependemos de él para vivir, sigue siendo un gran tabú en nuestra sociedad. Nos cuesta hablar de dinero, incluso con las personas más cercanas. Nos enseñan desde pequeños que no es de buena educación preguntar por el sueldo o el patrimonio de los demás, que es un tema incómodo y, en muchos casos, vergonzoso.

Sin embargo, en el ámbito de las relaciones de pareja, el dinero es una de las principales fuentes de conflicto, aunque no siempre se reconozca. En mi experiencia y en conversaciones con otros profesionales del área de la terapia de pareja, el dinero ocupa un lugar destacado en la lista de factores que pueden erosionar la intimidad, la confianza y la estabilidad emocional en una relación. Como dice el refrán, «cuando la pobreza entra por la puerta, el amor sale por la ventana». Pero ¿la falta de dinero es la única causa de estos problemas o hay algo más profundo? ¿Qué significados le atribuimos al dinero en nuestras relaciones y cómo nos afecta eso?

El dinero tiene muchas caras. Para algunos es sinónimo de seguridad, para otros es símbolo de poder, control o estatus. Las expectativas, creencias y experiencias que hemos acumulado a lo largo de nuestra vida, desde la infancia, influyen directamente en cómo manejamos las finanzas dentro de la relación de pareja. Lo que aprendiste sobre el dinero en casa, las lecciones (conscientes o inconscientes) que absorbiste al crecer, todo eso afecta la forma en que hoy te relacionas con él.

Si no abordamos estos temas de manera abierta y honesta, pueden generar resentimientos, malentendidos y, en el peor de los casos, provocar rupturas irreparables. Por eso es tan importante romper el silencio en torno al dinero, despojarlo de ese manto de tabú y mirarlo de frente.

Creencias sobre el dinero

Las creencias sobre el dinero son como un filtro a través del cual interpretamos el mundo. Nuestras experiencias pasadas, la educación recibida y el contexto cultural en el que crecimos moldean cómo lo percibimos y, por ende, cómo lo gestionamos.

- «En la mesa no se habla ni de dinero ni de política ni de religión».
- «No se les pregunta a los demás por su sueldo ni por el dinero que tienen, es de mala educación».
- «La gente con dinero no es buena ni de fiar».
- «Ser pobre es igual a ser humilde de corazón».

Estos son solo algunos ejemplos de creencias comunes que influyen en cómo nos relacionamos con el dinero. La realidad es que no son simplemente opiniones personales, sino que vienen cargadas de historias familiares y culturales que se remontan generaciones atrás.

Tal vez creciste escuchando en casa que «el dinero no da la felicidad» o que «los ricos son egoístas». Estos mensajes, aunque no lo parezca, configuran cómo te relacionas con el dinero en la vida adulta, ya sea de manera consciente o inconsciente. A veces, repetimos patrones sin ni siquiera darnos cuenta, influenciados por lo que nos ha enseñado nuestra familia o la sociedad. Para empezar a desmantelar esas creencias limitantes y entender de dónde provienen, te propongo un ejercicio:

ME ESCUCHO: ¿CUÁL ES MI HISTORIA CON EL DINERO?

1. Es el momento de hacer una pausa y reflexionar sobre tu relación personal con el dinero. ¿Qué historias te han contado sobre él? ¿Qué vivencias has tenido? Escribe tu historia con el dinero, desde tu primer recuerdo hasta el día de hoy. Puede ser un momento específico, una frase que te dijeron, algo que te negaron o te regalaron. El objetivo es que escribas esta historia como si fuera un relato. No juzgues ni saques conclusiones, tan solo describe los hechos.
2. Después de escribir tu historia, desglósala paso a paso. Ahora sí, es momento de analizarla. Para esto, te propongo utilizar la siguiente tabla, inspirada en el libro *The Heart of Money*, de Deborah L. Price. Relee tu historia y empieza a identificar los patrones que emergen, las emociones que recuerdas y las creencias que sacaste de cada experiencia.

Patrones de dinero	Temas del dinero
Por ejemplo: • Confusión al no entender por qué el dinero era tan importante. • Miedo a pedir dinero por temor a la ira familiar.	Por ejemplo, aquí podrías ponerle un título a cada etapa de tu vida con el dinero: • No debes aparentar. • Esconder la pobreza. • El orgullo es más importante.
Emociones sobre el dinero	**Creencias sobre el dinero**
Al releer tu historia, ¿cómo te sentías en cada uno de esos momentos? • Avergonzado por no tener lo que otros niños tenían. • Enfadado por sentir que tu situación era injusta.	¿Qué creencias consideras que sacaste de cada una de esas experiencias? Por ejemplo: • El dinero despierta envidia. • El dinero es injusto. • Ser pobre es vergonzoso.

3. Una vez terminado, responde a las siguientes preguntas:
   - ¿Qué se decía en casa en cuanto al dinero?
   - ¿De qué manera esos mensajes crees que te han influenciado?
   - ¿Qué te hubiera gustado escuchar de niño sobre el dinero?
   - ¿Han cambiado esos mensajes en tu vida adulta?
   - ¿Qué te gustaría transmitir a tus hijos sobre el dinero?
   - ¿Si el dinero no fuera un obstáculo, qué harías hoy que fuera diferente en tu vida?

Este ejercicio te permitirá descubrir que el dinero siempre ha influido en tus decisiones y emociones, y te ayudará a identificar si algunas de esas creencias siguen limitándote. Porque, si no sanamos nuestra relación con el dinero a nivel personal, difícilmente podremos tener una relación financiera saludable en pareja.

El peso del pasado económico

En mi práctica diaria he sido testigo de muchas formas de infidelidad. Aunque se suele hablar con mayor frecuencia de la infidelidad sexual o emocional, existe otra forma de traición mucho menos discutida, pero igualmente dañina: la infidelidad económica. A menudo, esta traición se da en silencio, como una pequeña transgresión que parece inofensiva en el momento, pero que con el tiempo puede causar estragos en la relación. No siempre está motivada por la malicia o el deseo de herir, a veces es un mecanismo de defensa. Quien la comete suele querer evitar una conversación incómoda, una mirada de decepción o una posible discusión.

La infidelidad económica se produce cuando una persona oculta a su pareja información sobre sus finanzas: ya sea su salario real, sus deudas, gastos o inversiones. Pero ¿significa esto que si no le cuentas cada detalle de tu vida financiera a tu pareja estás traicionando su confianza? La respuesta depende de las intenciones que haya detrás. Si el objetivo es protegerse, evitar un enfrentamiento o evitar la responsabilidad, es posible que estés cruzando esa línea de manera inconsciente.

No se trata de rendir cuentas todas las semanas sobre cada gasto que realizas. Tampoco es necesario compartir hasta el último euro que gastaste en el café matutino. La clave está en la transparencia emocional y financiera, en ser un equipo que se apoya mutuamente. Es importante compartir no solo los números, sino también las preocupaciones, los deseos, los errores y los aprendizajes que surgen en torno al dinero. He visto matrimonios en apariencia sólidos que se derrumban debido a deudas ocultas que salen a la luz, inversiones arriesgadas que se hicieron sin consultar y gastos secretos que se usaron como una forma de equilibrar una balanza emocional que percibían desequilibrada. El dinero es una herramienta poderosa, capaz de unir o destruir relaciones, dependiendo de cómo se gestione.

Es importante compartir no solo los números, sino también las preocupaciones, los deseos, los errores y los aprendizajes que surgen en torno al dinero.

Quiero contarte una historia real de una pareja que acompañé en su proceso terapéutico. Ella venía de una familia que, tras mucho trabajo, había alcanzado cierta estabilidad económica, hasta que todo se derrumbó en su adolescencia. Su padre era quien manejaba las finanzas familiares y controlaba las deudas, los pagos, los contratos de servicios. Mientras tanto, su madre era quien gastaba y educaba a los hijos. La madre de esta mujer suplía sus propias carencias emocionales con cosas materiales y, cuando llegaron los tiempos difíciles, cayó en una depresión profunda. Ante esta situación, mi paciente decidió ser económicamente independiente lo antes posible y ayudar a su padre en lo que podía mientras estudiaba.

Cuando se casó, de repente, se encontró ocupando el mismo rol que había tenido su padre en la familia: controlaba las finanzas, ganaba más que su esposo y gastaba menos. A su marido, en cambio, le parecía que ella vivía obsesionada con el ahorro, mientras él disfrutaba más el presente y no le preocupaba tanto el futuro. Sentía que, para él, el dinero era una herramienta para disfrutar de la vida, mientras que para ella era una fuente constante de estrés y control.

Desde fuera, es fácil que te posiciones con uno de los dos, dependiendo de tus propias experiencias y creencias sobre el dinero. Lo interesante aquí es que ambos estaban actuando desde roles prescritos que conocían muy bien, repetían patrones familiares que mantenían activadas sus defensas. Lo que comenzó como amor y apoyo mutuo se transformó, casi sin darse cuenta, en una relación llena de juicio y miedo, donde el dinero se había convertido en el campo de batalla.

¿Cómo podemos resolver esta sensación de injusticia que ambos sentían? El primer paso es que cada uno haga el ejercicio personal sobre su historia con el dinero que te sugerí antes. Pero, aún más importante, que compartan entre sí esas historias con vulnerabilidad y sin juzgar.

ME ESCUCHO: ¿CÓMO ES LA RELACIÓN DE MI PAREJA CON EL DINERO?

1. Es el momento de que, una vez escrita y reflexionada tu propia historia sobre el dinero, la compartas con tu pareja y que ambos podáis aprender de vuestras experiencias. Aquí tienes las preguntas clave que debes hacerte mientras tu pareja te comparte su historia:

- ¿Cómo ha cambiado mi forma de entender su relación con el dinero después de escucharla?
- ¿Qué emociones he experimentado mientras mi pareja compartía su historia?
- ¿Qué me hubiera gustado cambiar o decirle si hubiera estado a su lado en esos momentos difíciles que vivió?
- ¿Ha habido algo que me haya sorprendido o inquietado al escuchar su relato?

2. Después de haber compartido vuestras historias, podéis avanzar hacia la creación de objetivos comunes en torno a cómo queréis que el dinero influya en vuestra relación. Reflexionad juntos sobre las siguientes preguntas:

- ¿Qué emociones os gustaría sentir respecto a cómo manejáis el dinero?
- ¿Qué emociones os gustaría dejar de sentir respecto a cómo manejáis el dinero?
- ¿Qué patrones os gustaría romper?
- ¿Qué creencias os gustaría cuestionar y poder desprender?

- ¿Qué creencias de vuestra pareja os gustaría adoptar?
- ¿Cuál es vuestro principal motivo de discusión respecto al dinero?
- ¿Qué objetivo os gustaría alcanzar respecto a esa discusión que parece haberse estancado? ¿Cómo os gustaría sentiros a ambos cuando se dé esa situación futura?

Para que la sombra del dinero, con todas sus creencias, emociones y vivencias personales no te persiga en tu relación de pareja y lo cubra todo, recuerda aquello por lo que admiras hoy a tu pareja, aquello que os une, que te gusta, que te atrae y que hace de maravilla actualmente.

Lo que no tiene que ser tabú: Conversaciones sobre dinero

Antes de cerrar este capítulo, quiero poner sobre la mesa algunos temas importantes sobre el dinero que quizá ya hayas tratado con tu pareja, o puede que no. Lo que sí tengo claro es que, cuanto más conscientes seáis ambos de estos asuntos, cuanto más los discutáis de antemano, menos probabilidades habrá de que os sintáis decepcionados si uno de los dos comete un error «por no haberlo hablado antes».

Juntos o por separado

Raúl creció viendo que su padre mantenía económicamente a toda su familia: su madre y sus dos hermanos. Así aprendió la idea de que su rol, como hombre, era ser el proveedor. O eso pensó, hasta que Marta entró en su vida. Cuando empezaron a convivir, Raúl se dio cuenta de que, en realidad, le resultaría injusto tener que cargar con todos los gastos, o con los más elevados, pero al mismo tiempo sentía que estaba traicionando ese rol que había aprendido desde niño. Todo esto ocurría dentro de su cabeza, porque Marta siempre había tenido claro que las cuentas serían a medias.

En una comida con amigos, surgió el tema y, por primera vez, Raúl confesó que una parte de él querría ser capaz de mantenerla. Marta no tardó en aclararle que eso no la haría feliz. Para él fue un gran alivio. Durante esa misma comida, varios amigos compartieron cómo manejaban sus economías en pareja y surgieron varios modelos de gestión:

• Parejas que comparten una única cuenta donde ingresan ambos sueldos: lo tuyo es mío y lo mío es tuyo.

• Parejas que tienen una cuenta común para los gastos mensuales, pero mantienen cuentas individuales: compartimos los gastos, pero yo tengo mi parcela privada para decidir.

• Parejas que utilizan una cuenta conjunta, pero las aportaciones son proporcionales al sueldo de cada uno.

• Parejas en las que solo uno de los miembros aporta económicamente mientras el otro se encarga de gestionar el hogar.

No soy yo quien va a decirte cuál es el mejor modelo para ti, porque cada pareja está formada por dos personas con sus historias, sus miedos y sus expectativas. Sin embargo, lo que puedo afirmar, basándome en mi experiencia, es que las parejas que comparten los gastos de forma proporcional a sus ingresos y gestionan sus finanzas en equipo tienden a sentirse más unidas. Y, cuando te sientes en equipo con tu pareja, la estabilidad, la felicidad y la paz en la relación suelen aumentar.

El problema del desequilibrio prolongado es que, como seres humanos, tendemos a sobrevalorar nuestros propios esfuerzos y sacrificios, mientras que infravaloramos los de nuestra pareja. Esto sucede porque no estamos a su lado 24 horas al día ni dentro de su cabeza. Aunque alcanzar una justicia absoluta es prácticamente imposible, partir de una base de proporcionalidad, equilibrio y, sobre todo, de trabajo en equipo, puede ser clave para una relación más saludable.

Ahorro y gasto

Recuerdo a una mujer que una vez me comentó: «Mi expareja fue quien me enseñó a ahorrar por primera vez en mi vida. Antes vivía al día, no sabía cómo gestionar mi dinero ni hacer un Excel ni ser ahorradora con el agua o la luz en casa. Pero, cuando nos fuimos a vivir juntos, descubrimos que teníamos formas muy distintas de manejar el dinero. Él, con mucho tacto, me explicó que podría vivir mucho mejor si aprendía a ser económicamente autosuficiente. La verdad es que ansiaba esa tranquilidad que disfruto ahora al saber que tengo un pequeño colchón para cuando las cosas no vayan bien. A cambio, yo le aporté una mayor capacidad para disfrutar del presente y gastar sin culpa, pero de forma controlada».

Este ejemplo puede parecer trivial, pero no lo es. Las diferencias en cuanto a la forma de ver el ahorro y el gasto generan muchas fricciones en la convivencia diaria. Es importante que como pareja os preguntéis: «¿Qué significa para cada uno de nosotros ahorrar? ¿Es algo necesario, prescindible o simplemente un hábito? ¿Para qué está destinado ese ahorro? ¿Contribuimos ambos de la misma manera?».

Aunque alcanzar una justicia absoluta es prácticamente imposible, partir de una base de proporcionalidad, equilibrio y, sobre todo, de trabajo en equipo, puede ser clave para una relación más saludable.

Separación de bienes, herencias e inmuebles

Antes de casarse, mi amiga Laura me llamó preocupada porque su prometido le había hablado de la posibilidad de establecer una separación de bienes. Ella lo tomó como una ofensa personal. «¿Qué se piensa, que me interesa su dinero? Seguro que su madre le ha comido la cabeza, ¡como si fuesen de la realeza!». Después de hablar un rato y calmarse, me confesó que esa conversación le había generado una profunda desconfianza. «¿No se fía de mí? Me ha parecido tan frío y calculador...».

Laura se sentía así porque, para ella, compartir la vida con alguien implicaba también compartir todo lo demás, incluidos los bienes materiales. Lo que él buscaba, en cambio, no era una falta de confianza en ella, sino una protección basada en su propia historia familiar. Había crecido en un entorno donde le enseñaron que, fuera de la familia, la gente podía acercarse por interés y que el dinero debía estar bien protegido para evitar problemas en el futuro.

Este tipo de conversaciones son incómodas porque, en nuestra cultura, no estamos acostumbrados a tenerlas. No solo se trata de la separación de bienes, también es importante hablar sobre cuestiones como la compra de una vivienda o la gestión de una herencia. Son temas delicados, pero, cuanto antes se discutan, mejor preparados estaréis para tomar decisiones importantes sin generar malentendidos.

Recuerda que, si tu pareja te quiere, rara vez toma decisiones para hacerte daño, aunque tú no las compartas. Más bien están influenciadas por su propia historia de vida y por los aprendizajes que ha acumulado. Eso no significa que tengas que aceptarlo todo sin más, pero sí que es fundamental entender que la mayoría de las veces, sus razones no tienen nada que ver contigo, sino con su propio bagaje emocional y familiar.

Cuánto es suficiente

¿Cuánto dinero consideras que es suficiente para ti? ¿Y para tu pareja? ¿Cuáles son sus aspiraciones económicas? Estas preguntas se refieren a expectativas y, cualquier expectativa que no conozcas, ya sea la tuya o la de tu pareja, puede convertirse en una sombra que te haga sentir inseguro.

Quizá esta sea la primera vez que tú o tu pareja os lo preguntáis, pero sería ideal plantearos la pregunta sobre la meta final: ¿Qué tipo de vida os gustaría llevar en el plano económico? ¿Cómo sería vuestro día a día? Las metas cambian a lo largo de la vida, así como nuestra forma de visualizar el futuro. Sin embargo, tener clara la dirección a la que queréis llegar os ayudará a emprender un camino concreto, con emociones más alineadas con vuestros deseos.

Por ejemplo, si crees que serías feliz con una vida sencilla, en un apartamento no muy grande, junto a tu pareja y tal vez un gato, cenando fuera de vez en cuando y destinando vuestros ahorros a viajar, vivirás de una manera diferente. En cambio, si tu sueño es tener una casa grande, estar rodeado de animales y tener dos o tres hijos, eso cambiará radicalmente la forma en que ahorras y cómo enfrentas el futuro. La clave, como siempre, es intentar vivir lo más alineados posible como pareja, sobre todo en lo que respecta a vuestro plan de vida, futuro y proyectos.

Por último, me gustaría destacar ciertos aspectos que te recomiendo no permitir en tu relación y que deberías modificar, si es que ya los estás practicando:

- **Utilizar el dinero para manipular:** No conviertas el dinero en una herramienta de control.
- **Creer que el dinero otorga poder sobre tu pareja:** El valor de una persona no está determinado por su situación económica.

• **Asumir roles que no te hacen feliz respecto al dinero:** No te conformes con un papel que no deseas.

• **Procrastinar el hecho de adquirir conocimientos sobre vuestra economía familiar:** El conocimiento es empoderador.

• **Creer que no tienes derecho a saber cómo se gestionan las finanzas en tu relación:** La transparencia es esencial.

En cambio, es fundamental que tengas presente lo siguiente:

• **El dinero es solo dinero:** No tiene el poder de transformar o cambiar a las personas, eso lo hacen nuestras creencias y la importancia que les damos.

• **Eres valioso independientemente del dinero que poseas:** Tu valor no se mide en billetes.

• **Sois mucho más que lo material:** Sin embargo, el dinero es un aspecto que influye en la vida que deseáis construir y es importante que lo tengáis en cuenta.

• **El dinero es un tema más en cualquier relación:** No debería ser un tabú. Hablar de él con naturalidad fortalecerá vuestra conexión.

LO QUE HEMOS APRENDIDO

♥ La manera en que cada persona percibe y maneja el dinero está influenciada por creencias y experiencias familiares, lo que puede causar tensiones en la relación si no se aborda abiertamente.

♥ La falta de transparencia en las finanzas de una pareja puede resultar en infidelidad económica, que es tan dañina como la infidelidad emocional o sexual.

♥ Para evitar malentendidos, es esencial que las parejas hablen sobre su relación con el dinero, incluyendo expectativas, metas y creencias.

♥ Definir juntos qué significa «suficiente» y cómo visualiza cada uno su vida económica futura es clave para alinear expectativas y construir una vida en pareja más armoniosa.

Capítulo 12
¿Formamos una familia? Crianza y pareja

Si estás pensando en tener un hijo, es crucial que tu pareja y tú respondáis juntos a una pregunta fundamental: «¿Para qué quiero tener un hijo?». A primera vista, puede parecer extraña, sobre todo si tu motivación es cumplir un sueño, satisfacer un deseo profundo o formar una familia. No hace falta que te justifiques si estas son tus razones. Sin embargo, si tu «para qué» está relacionado con «reparar», «reconectar» o «recuperar» algo, es importante que sepas que esta decisión no te va a aportar lo que esperas.

Quizá te imaginas que crear una personita que lleve un pedacito de cada uno de vosotros es algo romántico y maravilloso, incluso que eso hará que todos vuestros problemas se desvanezcan. Sin embargo, la llegada de un bebé puede ser el detonante de una crisis en la pareja, que puede debilitar la relación más que nunca si no se maneja adecuadamente. Las noches sin dormir, las enfermedades, los cólicos, las rabietas, la falta de tiempo a solas y el sacrificio de la individualidad y el descanso… si no partís de una base sólida, es probable que el nacimiento de un bebé os lleve a un distanciamiento.

El impacto del posparto

Marta y Óscar llevaban cinco años juntos. Su relación era buena, tenían una comunicación fluida y sin orgullo de por medio. Eran buenos amigos y amantes, y decidieron tener un hijo. El embarazo fue una etapa maravillosa; Marta sentía que Óscar la cuidaba mucho, aunque él no se había leído ni un libro sobre crianza o lactancia. Al principio, ella compartía con él cada patadita del bebé, pero pronto se dio cuenta de que eso parecía importunarle. Decidió no insistir, pues era comprensible que, para ella, esas pequeñas cosas fueran impresionantes porque el bebé estaba dentro de su cuerpo.

Marta se sumergió en la lectura sobre lactancia, posparto y educación respetuosa. ¡Estaba feliz! Al nacer el bebé, Óscar estuvo a su lado, la apoyó y la alentó… al menos durante el primer mes. Con el tiempo, Marta empezó a sentirse como una «fábrica de leche», pues se dedicaba casi exclusivamente a amamantar. Mientras ella se sentía abrumada, Óscar se ocupaba de las tareas del hogar y se entretenía jugando a videojuegos. Al cabo de dos meses, él comenzó a trabajar y Marta recibió ayuda de sus padres y de sus suegros. Cuando el bebé cumplió un año, Marta empezó a asistir a terapia conmigo.

Ella me comentaba: «Óscar me pide que sea más cariñosa, más detallista, pero me siento llena de rabia hacia él… No entiendo por qué me siento así justo ahora que se está involucrando más en la crianza. He estado pidiendo esto y, ahora que lo tengo, es cuando más rabia siento».

Lo que le pasaba a Marta es completamente normal. No siempre reaccionamos como se espera y eso tiene su lógica. Es una cuestión de balance, supervivencia y recuperación del poder. Durante el posparto, Marta se sintió sola, incomprendida y agotada. Se pasó meses pidiendo atención, desesperándose ante lo que percibía como desinterés de Óscar, sintiendo una profunda tristeza ante su impasividad y dudando de si aún la quería. Fue una etapa dura y sigue siéndolo. No olvidemos que cuando nace un bebé, también nace una mamá que debe integrar su nuevo rol e identidad, una mujer que se mira al espejo y no se reconoce, que cuida de un ser mientras su cuerpo aún se recupera.

Imagina que vas a correr un maratón. Durante toda la carrera, el cuerpo activará todos los mecanismos posibles para sobrevivir y alcanzar la meta. Pero, una vez que llegas, es probable que empieces a sentir el desgaste físico. Ahora te lo permites, porque lo has conseguido.

Existen numerosos estudios que indican que el cerebro de las madres experimenta cambios significativos durante el embarazo, el parto y el posparto, incluso se da una reducción considerable del volumen de materia gris. Esto facilita la transición hacia la maternidad, lo que incrementa comportamientos como la atención, la empatía y el cuidado, que son esenciales para el vínculo con el bebé. Cuando te pasas el posparto pidiendo algo que podría ayudarte a mantener la relación, a fortalecer el vínculo y a construir la familia que deseabas, y, tras mucho tiempo, al fin llega, tu cuerpo se permite sentir. Respiras, empiezas a ver la luz y puedes expresar lo que sientes porque tu mente percibe que el vínculo ya no está en peligro. Entonces, surgen todas las emociones que habías bloqueado por la supervivencia de la relación: la ira por no haber sido escuchada, por las noches en las que llorabas y él seguía durmiendo, por quejarse de tener que cambiar un pañal, por las veces que invalidó tus sentimientos o por el dolor que has vivido en soledad. Ahora esas emociones afloran y esa rabia que sientes busca reparar, hacer justicia y restablecer el poder que sientes, el cual se ha perdido por tener que estar constantemente pidiendo.

El primer año, incluso los primeros años de vida del bebé, son un verdadero terremoto para la pareja. Durante este tiempo, el vínculo sobrevivirá principalmente gracias a lo que habéis cultivado en el pasado: la comunicación, las experiencias emocionales que han reforzado el sentido de equipo, la validación, la escucha, la admiración y la intimidad. Durante este periodo, experimentaréis un desequilibrio constante tanto en el vínculo como a nivel individual. ¿Quién soy ahora? ¿Qué se espera de mí? ¿Dónde está mi antiguo yo? ¿Dónde estamos como pareja? ¿Qué tipo de padre/madre estoy siendo? Surgirán estas y muchas otras preguntas.

La decepción, en mayor o menor medida, estará presente, ya sea hacia uno mismo o hacia el otro. En el caso de Marta, se sintió profundamente decepcionada con su pareja y quizá también con la maternidad, pues puede que esta no fuera lo que esperaba. La soledad que experimentó en esa etapa intensificó sus emociones negativas.

La responsabilidad compartida

Laura y Raúl acudieron a terapia por un caso similar al de Marta y Óscar, pero con una diferencia clave: Laura reconoció que había estado completamente volcada en el bebé e impidió que su pareja se involucrara. «No le dejaba coger a nuestra hija como él quería ni dormirla a su manera. Sentía la obligación de corregirlo constantemente y, como estaba agotada, prefería hacerlo yo misma. Pero eso solo empeoraba las cosas, porque luego sentía rencor y rabia», confesó.

Por su parte, Raúl expresó que se sentía perdido. Intentaba conocer a su hija y a una mujer que veía completamente distinta. Intentaba respetar sus tiempos y su transformación, pero terminó por rendirse al no tener espacio. La falta de comunicación fue un obstáculo crucial en su relación.

Vivimos en una sociedad heteropatriarcal que ha influido fuertemente en la crianza. Antiguamente, la mujer se encargaba del hogar y de los niños, mientras que el hombre era el proveedor. Hoy en día, resulta extraño ver que solo el hombre trabaje y se ha normalizado la presencia de la mujer en el entorno laboral. Sin embargo, las responsabilidades del hogar y de la educación siguen recayendo mayormente sobre ellas. No solo los hombres perpetúan este modelo, sino que muchas mujeres también lo hacen, pues se sienten desleales a la historia de sus antepasadas: mujeres sacrificadas que delegaron estudios, vida social, amistades e identidad en pro de sus hijos. La culpa en la maternidad es una carga pesada y es esencial empezar a liberarse de ella. Una forma de hacerlo es confiando en las capacidades de los padres y soltando responsabilidades.

Así que, querido amigo o querida amiga, ha llegado el momento de tener esas conversaciones incómodas. «Amor, ¿tú me quieres? Porque siento que me odias», le dijo Óscar a Lucía, entre lágrimas. Lucía se quedó helada. Tenía razón. ¿De verdad lo odiaba? Quizá no tanto, pero sí sentía mucha rabia. «Tienes razón, siento mucha rabia hacia ti. Me has hecho mucho daño y me he sentido sola», respondió.

Esa fue la conversación más dura y a la vez más reparadora que Lucía y Óscar han tenido en su vida de pareja. Ella expresó su resentimiento, su profunda decepción y tristeza, que estaban camufladas tras una ira que creaba una brecha cada vez mayor entre ellos. Lucía le habló de cada situación en la que se sintió sola, incomprendida, juzgada y desdichada.

Para Óscar, fue necesario un gran esfuerzo de humildad, contención, comprensión y amor para afrontar esa charla. No es fácil; salvo en casos de personas que se vinculan desde el ansia de poder o que tienen problemas para amar, muchas actitudes no tienen la intención de herir. Esto no minimiza el daño, pero es importante reconocer que, cuando no es tu intención causar dolor, aceptar esos errores puede ser un proceso complicado.

Óscar quiere a Lucía y a su bebé. Esa conversación le cayó como un balde de agua fría, lo dejó frustrado en su paternidad y también se sintió solo. En su hogar, siempre vio a su madre como la figura presente, la que cocinaba, mantenía la casa y ofrecía apoyo emocional. Su padre, por su parte, se encargaba de llevarlo al colegio y a las actividades extraescolares, pero la comunicación con él era escasa; siempre estaba trabajando. Aunque pueda parecer ilógico que lo que te hirió lo reproduzcas con tus hijos, esto suele ocurrir cuando no somos conscientes de ello, ya que es lo único que hemos aprendido y puede salir de manera automática. Convertirse en padre o madre es un aprendizaje profundo y a menudo brutal, ya que muchas veces eres consciente de tus traumas y heridas cuando el rol de progenitor entra en tu vida.

Un viaje compartido

La crianza es un viaje que dura toda la vida. Tener un hijo es, evidentemente, una experiencia que te acompañará para siempre, aunque a veces se nos olvida antes de tomar la decisión. Este es un camino eterno y cambiante, está lleno de desafíos que te transformarán la vida. Si decides estar presente, experimentarás el amor más profundo, completo y duradero de tu vida. Vivir la paternidad o la maternidad junto a tu pareja es un viaje inolvidable. Pararte a admirar los cambios, observar cómo se han movido las prioridades, cómo se ha transformado la mirada de ambos, vuestras conversaciones y, sí, incluso cómo cambia el cuerpo.

Hablando de cambios, quiero compartir algo sobre el impacto que la paternidad tiene en los hombres. Aquellos padres que se involucran en la crianza suelen admirar, valorar y celebrar cada transformación que dejan en el cuerpo de la madre el embarazo y, si así lo deciden, la lactancia. Además, es posible que la intimidad se vuelva más placentera que antes. Traer un hijo al mundo aporta una nueva dimensión a la pareja, un concepto que rara vez se discute, pero que considero muy relevante. Crear, creer y trabajar en algo más grande que la relación de dos, en un

Muchas veces eres consciente de tus traumas y heridas cuando el rol de progenitor entra en tu vida.

propósito compartido, hace que las trivialidades de la vida se conviertan en nada más que ruido. Por eso, es fundamental que, ante las adversidades, seáis un equipo. Comparto algunos trucos para lograrlo:

1. Reconoce tus niveles de energía: No siempre tendrás la misma energía. De hecho, es posible que sientas cambios en tu estado de ánimo a lo largo del mismo día, dependiendo de los acontecimientos que vivas. Algo que aplico con mis pacientes es la «regla del tanto por ciento». Al llegar a casa, es útil que le comuniques a tu pareja cuánta energía tienes. Quizá hoy llegues con las pilas cargadas y le digas: «¡Amor! Estoy al 90 por ciento, ¡a tope! ¿En qué puedo ayudarte?». Sin embargo, habrá días en los que ambos suméis un 50 por ciento. Estos días son más comunes de lo que crees. En esos momentos en los que tanto tú como tu pareja estáis bajos de energía, es fundamental que permitáis que salga vuestra vulnerabilidad y que practiquéis la paciencia mutua. Quizá necesites un abrazo o, por el contrario, un momento a solas. Cuando ambos estáis cansados y tenéis hijos, es probable que ninguno obtenga al cien por cien lo que quiere hasta que los pequeños se vayan a la cama. Aun así, dentro de unos límites razonables, intentad permitiros algo de tiempo para lo que necesitáis.

2. Corrige en privado: Cuando uno de los dos sienta que el otro se ha pasado con los hijos, es conveniente expresar esa opinión en privado. Corregir a nuestra pareja delante de los hijos puede hacer que se active las defensas y que se sienta desautorizada, además de dar un mal ejemplo sobre el respeto hacia el otro progenitor.

3. Confía en la crianza: Es muy importante confiar en que tu pareja encontrará su forma de interactuar con vuestro hijo. Puede que lo duerma de manera diferente, que le dé la cena de un modo poco habitual, que lo vista de formas que tú nunca harías o que tenga una rutina com-

Crear, creer y trabajar en algo más grande que la relación de dos, en un propósito compartido, hace que las trivialidades de la vida se conviertan en nada más que ruido.

pletamente distinta. Al final, si ambos conseguís lo mismo, el proceso en sí no es lo más relevante. Sin embargo, si intervienes a todas horas, puedes afectar al vínculo que tu pareja tiene con su hijo. Te prometo que soltar esa responsabilidad y confiar en el otro progenitor te ahorrará carga mental. Cuando le comenté esto a una amiga, me dijo: «Si no le hago la mochila, seguro que se olvida de algo». Y yo le respondí: «¿Y qué? ¿Tú nunca te has olvidado de nada? Lo más probable es que lo que olvidaste una vez ya nunca se te vuelva a olvidar. Debemos permitir que nuestra pareja cometa errores y aprenda, igual que hicimos nosotras».

4. Valora el tiempo libre: Tener hijos no implica renunciar al tiempo libre. Hombres y mujeres suelen funcionar de forma diferente en este aspecto. Los hombres tienden a disfrutar de momentos a solas, con aficiones o amigos, mientras que las mujeres a menudo sienten un deseo similar, pero la culpa les impide disfrutar. Aun con esa culpa, es esencial que disfrutes. Una vez leí que, para ser una buena madre, debía descansar, y qué gran verdad. Cuando las parejas se permiten momentos individuales, ya sea a solas o con amigos, pueden desconectar temporalmente de su rol de padres y reconectar con partes de su identidad. Esto ayuda a recargar energías para afrontar el día a día con los hijos.

5. Dejar a un lado el romanticismo nunca merece la pena: Los días pueden hacerse interminables y es posible que apenas intercambiéis un par de palabras y un par de besos rápidos. Resulta reparador un abrazo que dure más de un minuto, una conversación de cinco minutos mirándoos a los ojos sin teléfonos ni pantallas y compartir unos besos de verdad.

La revolución de la adolescencia

La crianza pone a prueba a todos los integrantes de un hogar, da igual la edad que tengan los hijos, pero sobre todo en la adolescencia puede suponer un torbellino en el hogar y ejercer una presión significativa sobre la relación de pareja. Aumenta el estrés, puesto que es una etapa marcada por el desafío de la autoridad, la búsqueda de independencia y, a menudo, conflictos con los padres. Este ambiente puede aumentar los niveles de estrés en la pareja, así como afectar a su bienestar emocional y a su capacidad para comunicarse de manera efectiva.

Marta llevaba todo el día con su hija en casa y en cada conversación surgía un desacuerdo. Cuando Marc llegó a casa, se encontró con una Marta agotada, muy poco tolerante y cero paciente. No es el ambiente ideal al que llegar después de un día agotador, pero, como entendía lo que era un día a solas con su hija efervescente, le dio un abrazo y le dijo: «Ve a darte un baño relajante, que yo tomo el relevo».

La adolescencia también puede conllevar desajustes en la dinámica de pareja, ya que los padres pueden tener enfoques diferentes para lidiar con los comportamientos adolescentes. Si no hay una buena coordinación o comunicación entre ambos, esto puede llevar a tensiones. Según el psicólogo John Gottman, la falta de acuerdo en la crianza es una de las fuentes de conflicto más comunes en las parejas.

Para Luis y Clara, su hija mayor siempre ha sido un desafío. Su madre me contaba: «A los diecisiete años empezó a tontear con las drogas y luego derivó en un trastorno de la alimentación. Nuestra relación se tambaleó en muchas ocasiones, porque cada uno lo llevó a su manera. Yo me obsesioné y la controlaba mucho, en cambio él tuvo más templanza y a menudo discutíamos por no estar de acuerdo en cómo gestionábamos esa situación que nos estaba haciendo tanto daño». A los dos les hizo falta mucha terapia para poder acompañarse mejor entre ellos y así poder ayudar mejor a su hija.

Al mismo tiempo que los hijos adolescentes atraviesan su etapa de crecimiento, los padres también pueden enfrentarse a una crisis de mediana edad o a reevaluaciones personales. Esto puede generar una mayor sensibilidad a los conflictos y a la insatisfacción dentro de la relación. No obstante, la adolescencia puede ser una etapa maravillosa y rica a nivel de pareja.

Poder ser un equipo al observar cómo los hijos van convirtiéndose en personas cada vez más adultas, conversar con tu pareja sobre aquello que observáis, los cambios, los nuevos desafíos. Reconocer en tu pareja aquello bueno y necesario que aporta, lo que admiras de cómo gestiona según qué cosas (para lo que es necesario cultivar una mirada de curiosidad y admiración), y recordar, sobre todo recordar, que esa persona que crece un día se irá y os quedaréis los dos.

Que ese hogar en el que hay algún que otro portazo, calcetines en el suelo, música que quizá te suene estridente, olores variopintos cargados de hormonas, agotamiento y poco tiempo, un día será silencio, serenidad, recuerdos, tradiciones y el amor que os tengáis tu pareja y tú.

ME ESCUCHO: ¿QUÉ CLASE DE PADRES SOMOS?

Un ejercicio que os puede ayudar en esta etapa como pareja es hacer de espejo:

- ¿Qué clase de padres está viendo nuestro hijo? ¿Cómo creo que definiría nuestra relación si le preguntasen?

- Te animo a hacer este ejercicio con vuestro hijo también. «Cariño, nos gustaría mucho que supiéramos que nos esforzamos como pareja para ser una familia unida, pero sabemos que no somos perfectos. Si un día alguien te preguntara cómo somos, ¿qué les dirías? Nos interesa mucho tu punto de vista porque quizá ves cosas que podemos mejorar que nosotros no vemos».

La unión familiar es un pilar fundamental en cualquier etapa de nuestra vida, te animo a realizar actividades en familia. Aunque en la etapa de la adolescencia los niños se vuelvan escurridizos y cada vez busquen pasar más tiempo fuera de casa, trata de establecer límites en actividades juntos. Lo que puede empezar con algún que otro soplido, puede terminar con risas y recuerdos para siempre. Juegos de mesa, preparar juntos la cena, una excursión al campo, cualquier excusa es buena con tal de poder pasar tiempo juntos sin distracciones de pantallas. Eso no solo reforzará la relación con vuestros hijos, si no la vuestra como pareja también.

Tengo hijos y he conocido a alguien

Gestionar una nueva relación cuando hay hijos de por medio es delicado y complejo, pero por supuesto no menos válido que cualquier otro tipo de vinculación amorosa. Se necesita cuidado, tiempo y trabajo personal.

Belén se había divorciado de su marido hacía seis meses. Llevaban más de dos años planteándose la separación, pero habían mantenido la relación por sus hijos hasta un punto de no retorno. En una cena de amigos, ella conoció a Paco. No tardó en llegar la conversación sobre los hijos, ambos tenían dos, él llevaba cinco años divorciado y tenía la custodia total, como ella. Empezaron a verse para tomar un café, luego para dar algún paseo o para tener alguna cita. En cuestión de meses, se presentaron ambas familias poco a poco, primero ella a los hijos de él, luego él a los hijos de ella. Más adelante, se turnaban los fines de semana que tenían solos para dormir juntos y después empezaron a tener comidas o cenas en casas de ambos con los hijos. Él tenía claro que buscaba una compañera de vida en todos los sentidos porque se había sentido muy solo en su paternidad, pero ella, que tenía una relación buena con el padre de sus hijos, sentía una cierta lealtad hacia él que le generaba incomodidad cuando Paco les exponía ciertos límites a sus hijos en su casa. Fueron necesarias conversaciones incómodas, pero finalmente, decidieron seguir viviendo separados y mantener una relación así, moviéndose ellos y dejando a sus hijos en sus hogares. Hacían viajes juntos, se llevaban todos bien, pero prefirieron, por el bienestar de sus hijos, no moverlos de sus casas. Si les preguntas ahora mismo, te dirán que ha sido la mejor decisión de sus vidas.

Si estás en una situación similar, con hijos y abierta a la posibilidad de tener una nueva pareja, mi recomendación sería que analices previamente qué es lo que esperarías de una nueva relación. Para ello quizá te convenga observar la repartición de tareas que tienes con el padre o madre de tus hijos. Belén y Paco en eso diferían, pero no se dieron cuenta hasta que ella sintió esa incomodidad. A menudo, cuando sentimos que es equitativo, se resuelve más rápido la duda de si lo que necesito es un compañero de vida (incluyendo el apoyo en mi maternidad/paternidad) o simplemente una pareja, en el caso de estar cubierto ese rol. Tener claro lo que espero, deseo y necesito de una nueva relación te ayudará a adaptar tus propias expectativas, aunque te adelanto que puede que cambien una vez conozcas a esa nueva persona.

Uno de los motivos de complejidad que a menudo me encuentro con padres y madres es el sentimiento de culpa y traición hacia sus hijos por ocultarles información. Cuando empiezan a conocer a alguien y deciden no verbalizarlo porque no saben si se convertirá en algo serio, conviven con el remordimiento por no estar compartiendo esa parte de su vida con las personas más importantes.

Démosle una vuelta a ese concepto: de la misma manera que debemos, a medida que vayan haciéndose mayores, respetar la parcela de intimidad y privacidad de los hijos, nosotros como adultos también tenemos el derecho a hacerlo. Adaptando las conversaciones a la madurez de los hijos, podemos salvaguardar la información que consideremos pertinente sobre nuestra vida amorosa, sobre todo cuando el objetivo principal es proteger la salud mental de nuestros hijos.

Es más, no es recomendable apresurarse a introducir una nueva pareja a los hijos hasta que esté establecida una relación sólida con esa nueva persona. Recuerda: las personas que conviven con tus hijos forman su entorno, lo que significa que no es tan importante cómo esté formada una unidad familiar, si no cómo se lleven los miembros que pertenecen a ella. Quizá tú como adulto gestiones una ruptura de manera horizontal, pero los hijos se vincularán a esa persona con cierta verticalidad, por la diferencia de edad y por los roles. Es sumamente importante que, antes de presentarles a tus hijos a tu pareja, tengas muy clara la definición de su rol en la vida de estos.

Una vez tengas claro que quieres empezar a introducirlos, ve poco a poco. Sobre todo, adapta la información a la edad de tus hijos y sin abrumarles con detalles innecesarios. Es esencial que entiendan que esa nueva pareja no está reemplazando a su otro progenitor, si no que está ahí para compartir una parte de la vida de su padre o de su madre.

El proceso de aceptación por parte de los hijos puede ser largo. Es normal que los niños sientan confusión, celos o incluso rechazo hacia una nueva pareja. No debemos forzar una relación buena entre ambos. Al contrario, es esencial respetar, permitir la expresión de emociones y aprender a sostener las negativas. Mostrar paciencia y comprensión es clave para facilitar esta adaptación. Quizá a nosotros esa nueva persona nos encanta y a nuestros hijos hay cosas que no les convencen. Son libres y tienen derecho a ello, aunque sea doloroso y complejo para nosotros.

Otro punto crucial es mantener una buena relación con el excónyuge en lo que respecta a la crianza. Los padres separados deben ser claros en cuanto a sus roles y responsabilidades para evitar generar conflictos innecesarios que afecten a los hijos. Mantener una relación de respeto y cooperación puede aliviar tensiones tanto para los niños como para la nueva pareja. Esto quiere decir que las conversaciones sobre las nuevas parejas, si las hubiere, no deberían pasar por el filtro de los niños ni comentar con ellos con un fin que no sea, de nuevo, buscando su protección.

Si estás en esta situación, entiendo lo complejo que es a todos los niveles. Comprendo que una parte de ti anhele esa sensación de la chispa, de volver a sentirse (o quizá sentirse por primera vez) deseable, conectada con alguien, dejar de ser «mamá» o «papá» por un rato. Y, a la vez, que otras partes de ti puedan confrontar entre sí, tu parte responsable y sacrificada que no lleva bien compartir su tiempo con alguien que no sean sus hijos, quizá una parte que aún siente algo de lealtad hacia el otro progenitor, tus partes temerosas de estar haciendo algo mal y causar un dolor innecesario a tus hijos… Pero quiero expresarte con todo mi cariño que tienes derecho a encontrar ese amor que buscas y que es posible hacerlo cuando tienes hijos. Es más complejo, quizá no todo el mundo te lo pone fácil, incluso quizá nadie lo hace, pero si esa persona te hace sentir visto, te impulsa a ser mejor, incluso mejor madre o mejor padre, ¿qué puede haber de malo? Los niños desean ver a sus padres felices y de la manera en la que se relacionen con ellos las personas que les rodean, les indicarán cuán válidos, cuán importantes y cómo deben relacionarse con ellos mismos.

¿Y si yo no tengo hijos, pero he conocido a alguien que sí los tiene?

Laura conoció a Javier en una cena de trabajo y la chispa fue instantánea entre ellos. Ella estaba soltera y tenía ganas de encontrar el amor, él no hacía mucho que se había divorciado, no buscaba nada en concreto, pero conocer a Laura le hizo sentir cosas que no recordaba haber sentido antes. Yo trabajé con ella y fue interesante acompañarla en su vaivén emocional. Primero tenía clarísimo que lo mejor era no conocer a sus hijos, pues no quería compromisos ni responsabilidades que se le hacían demasiado grandes. Al cabo del tiempo, empezó a incomodarse cuando notó que Javier la escondía cuando llamaba su ex, con quien tenía una relación muy turbulenta y a quien temía enormemente por tener la custodia y prever la posibilidad de que le dificultase mucho poder ver a sus hijos. Laura lo entendía, pero no le hacía sentir bien. Poco a poco, fue introduciéndola a su ex y pasó de ser una parte activa en no querer conocer a los hijos a empezar a molestarle que él ni si quiera lo sugiriera. Me decía: «¿Esto siempre va a ser así? ¿Me va a esconder en las videollamadas, les dirá que soy una amiga cuando su hija se encuentre mi cepillo de dientes en el baño?».

Sumergirte en una relación con alguien que ya tiene hijos puede ser una experiencia compleja y desafiante para ambos. Cuando te involucras con alguien que tiene hijos, aceptas no solo a esa persona, sino también a su familia, directa o indirectamente. Esos niños siempre tendrán una madre y un padre con quien tengas que convivir con mayor o menor distancia, unas tradiciones, una manera de funcionar, unos tiempos y unas necesidades que posiblemente sean inamovibles. Los hijos suelen ser la prioridad para los padres y esta es una realidad que puede ser difícil de asumir si esperas una mayor atención o tiempo por parte de tu pareja.

¿Estás dispuesta a aceptar esta estructura antes de comprometerte más en la relación? Puede que ahora pienses que sí, pero con el tiempo no te sientas capaz y te abrume la responsabilidad de haber entrado en una relación compleja, pero ¿sabes qué? A veces, la única manera de comprobar si eres capaz, es intentándolo.

Te recomiendo tener una conversación honesta con tu pareja sobre cómo te sientes y lo que esperas de la relación. Es importante que tanto tú como tu pareja tengáis expectativas realistas y claras. Si no te sientes priorizada, es esencial expresar tus sentimientos, pero también comprender que los hijos por lo general ocuparán un lugar central en la vida de un padre o una madre. Encontrar un equilibrio es clave, pero este puede ser un proceso largo y complejo.

Ser pareja de alguien con hijos no implica necesariamente asumir el papel de madre o padre. Te recomiendo definir el tipo de rol que estás dispuesto a asumir en la vida de los hijos de tu pareja. Algunas personas se sienten cómodas en un rol de apoyo sin intentar reemplazar al progenitor biológico, mientras que otras encuentran difícil o abrumador convertirse en una figura parental. Reflexionar sobre qué papel quieres o puedes asumir es crucial para evitar frustraciones más adelante. Aunque, como en todo, siempre puedes dar marcha atrás y modificar aquellas cosas que te hayan hecho sentir incomodidad.

Los horarios en una relación con alguien que tiene hijos suelen ser más limitados y requieren más flexibilidad. Las actividades, compromisos y necesidades de los hijos muchas veces determinarán cuándo y cómo puedes pasar tiempo con tu pareja. Si esto te genera malestar o frustración constante, es importante evaluar si puedes adaptarte a esta realidad a largo plazo. Si los compromisos de tu pareja te resultan insatisfactorios, puede ser señal de que esta dinámica no es adecuada para ti. Y entiendo que te parezca tremendamente injusto, pero también hay otras formas en las que puedes sentir prioridad. Que un padre o madre, pudiendo pasar tiempo con sus hijos o a solas (que también es sumamente necesario), escoja pasar tiempo contigo, ya es una gran señal de cuán prioritario eres. El tiempo libre escasea cuando estamos en plena crianza, las dificultades logísticas lo ponen más complicado, así que, si la persona trata de sacar tiempo de donde no lo tiene para ti, aunque a tus ojos parezca poco, es algo muy especial.

Si te cuestionas el hecho de convertirte en una figura materna para hijos que no son tuyos, es importante que te tomes tiempo para reflexionar sobre si esto es algo que de verdad deseas. No todas las personas se sienten cómodas o preparadas para asumir ese rol, y está bien reconocerlo. Antes de continuar con la relación, asegúrate de que estás tomando una decisión consciente y de que no te sientas presionada a aceptar algo con lo que no estás completamente de acuerdo.

En resumen, estas son situaciones complejas para todas las partes. Hay una expresión en inglés que lo define muy bien: *«feeling like walking on eggshells»*, sentir que caminas sobre cáscaras de huevo. Es un símil de sentir esa fragilidad en cada paso, en cada decisión, en cada momento de esa relación. Que sea complejo no quiere decir que no valga la pena, que sea difícil no significa que no vaya a volverse más sencillo con el tiempo. Una comunicación abierta y honesta con tu pareja es clave, así como sostener las conversaciones incómodas, que las habrá, y armarse de paciencia, flexibilidad y autoconocimiento, ya que es fundamental que tanto tú como tu pareja os sintáis cómodos y satisfechos con los roles que asumís en la relación.

LO QUE HEMOS APRENDIDO

♥ Es importante preguntarse sobre las motivaciones para tener un hijo. Si las razones tienen que ver con recuperar o reparar un vínculo, tal vez no son las adecuadas.

♥ La llegada de un bebé puede desencadenar emociones intensas y generar conflictos en la pareja, sobre todo si la comunicación y el apoyo no son adecuados.

♥ Tener un hijo es una responsabilidad compartida. Ambos padres deben involucrarse en la crianza para que no se creen resentimientos en la pareja.

♥ Tener hijos no implica renunciar al tiempo libre ni dejar de lado la intimidad y el romanticismo. Ambas cosas son fundamentales para enfrentar los desafíos del día a día y fortalecer el vínculo.

Amar y trascender

A lo largo de este libro hemos recorrido juntos los altibajos de las relaciones, desde los momentos de euforia hasta los días más grises. Ahora, al llegar al final, quiero que te quedes con una idea clara: las relaciones duraderas son un acto de compromiso que trasciende las circunstancias del presente. Son una elección diaria, una decisión consciente de crecer juntos, de compartir, de amar y de seguir adelante, incluso cuando el camino se pone difícil.

El poder de una relación no radica en la ausencia de conflictos, sino en la capacidad de ambos para superar esos obstáculos, para manteneros unidos frente a las adversidades y salir fortalecidos. No es solo cuestión de pasar los años juntos, sino de construir algo más grande que vosotros mismos. Es crecer en todas las direcciones, hacia dentro y hacia fuera, acompañados de ese amor que, con el tiempo, se vuelve más profundo, más sabio y más fuerte.

Un vínculo duradero es como un hogar. No es perfecto, a veces necesitará reparaciones, reformas o incluso una reconstrucción desde los cimientos. Pero lo que de verdad importa es que queráis seguir construyendo juntos, que os sintáis capaces de habitar ese espacio con amor y compromiso, sabiendo que no hay lugar más seguro ni más bonito que el que creáis cada día.

Con el tiempo, es probable que vuestras vidas cambien, que experimentéis transformaciones personales que os lleven a redescubriros una y otra vez. Y eso está bien, porque las relaciones más sólidas no se sostienen en la rigidez, sino en la capacidad de adaptarse, de evolucionar con el tiempo, de seguir queriéndose, aunque ya no seáis los mismos de antes.

Si algo he aprendido escribiendo este libro es que podría haber cinco más, ya que los problemas, los recovecos, las excepciones, las alegrías y, en definitiva, todo lo que envuelve el mundo de la pareja es infinito. También he aprendido que no hay nada más maravilloso que amar y sentirse amado. Que buscar el sentido de trascendencia en pareja es uno de los mejores antídotos frente al desamor y al abandono. Que la intencionalidad es tremendamente importante, igual que la validación. Y que, ¡jolines!, las parejas que se esfuerzan y que perduran en el tiempo son unas campeonas. Con el trabajo que conlleva, se merecen todo el reconocimiento del mundo. En esta vida, lo fácil es estar solo, la dificultad real llega cuando se convive con otra persona tan infinita como tú.

Cada día que pasa, escoges. Por eso me encantaría que, cuando acabes este libro, escojas desde el amor, sea el que sea y hacia quien sea. Escoge con la libertad que te da la conciencia del amor verdadero y con la fuerza del conocimiento. Escoge sabiendo que siempre merece la pena amar y ser amado.

AGRADECIMIENTOS

Sería hipócrita por mi parte pensar y decir que todo lo que sé, lo sé de mí misma.

Son las parejas de mi vida las que me lo han enseñado todo. Lo bueno, lo que quería repetir, y lo malo, de lo que aprendí a huir.

Mi abuela, que me enseñó el significado del sacrificio y el trabajo en el hogar.

Mis padres, que me enseñan que, a pesar de ser tan distintos, sus valores y el anhelo de una eternidad juntos sean su motor para continuar el día a día.

Mis hermanos y sus parejas, de quienes aprendo el resultado del trabajo diario o del descuido, las consecuencias de decisiones buenas y de selecciones malas, el beneficio del cuidado personal.

Mis amigos, de los que aprendo límites, nuevas ilusiones, duelos, perdón y arrepentimiento.

Mis pacientes, que me enseñan en cada sesión con cada lágrima compartida, logro conseguido y trabajo diario.

Mi comunidad de redes sociales que, con sus peticiones, sus historias y sus mensajes me ayudan a ampliar la mente, a buscar respuestas a preguntas que no sé responder. En definitiva, me ayudan a crecer.

Pero el gran aprendizaje lo tengo en mi casa. Mi marido me enseña lo que es el amor paciente, la generosidad radical, la honestidad y la humildad. Atraviesa mi orgullo y me ayuda a gestionar el malestar. Juntos somos mucho más, con él me siento poderosa y capaz, a la vez que protegida y cuidada. Nuestro vínculo es mi gran maestro y estaré eternamente agradecida al amor que puedo sentir a través de él cada día.

BIBLIOGRAFÍA

ABAIED, J. L., «Skin conductance level reactivity as a moderator of the link between parent depressive symptoms and psychosocial adjustment in emerging adults», *Journal of Social and Personal Relationships*, 33(4), 534-55, 2016, <https://doi.org/10.1177/0265407515583170>.

BARTON, Allen W. y Qiujie Gong, «A 'Thank You' really would be nice: Perceived gratitude in family relationships», *The Journal of Positive Psychology*, 1-10, 2024, <https://doi.org/10.1080/17439760.2024.2 365472>.

BAUMAN, Zygmunt, *Amor líquido*, traductor: Albino Santos Mosquera, Barcelona, Ediciones Paidós, 2018.

BEIGBEDER, Frédéric, *El amor dura tres años,* traductor: Sergi Pàmies, Barcelona, Anagrama, 2003.

BOWLBY, John, *El apego y la pérdida*, traductora: Mercedes Valcárcel Avello, Barcelona, Ediciones Paidós, 2023.

CHAPMAN, Gary, *The Five Love Languages: How to Express Heartfelt Commitment to Your Mate,* Birmingham, Northfield Press, 1992.

CONGER, K. J., T. J. Schofield y T. K Neppl, «Family ties and young adults' trajectories: Links among relationships with parents, partners, and siblings», *Personal Relationships,* 17(1), 116-131, 2010.

COYNE, S. M., L. Stockdale y D. A Nelson, «The sound of support: How social interaction can buffer stress», *Psychological Science*, 22(3), 327-334, 2011.

DOWNWARD, P., S. Rasciute y H. Kumar, «Mental health and satisfaction with partners: a longitudinal analysis in the UK», *BMC Psychol,* 10, 15, 2022, <https://doi.org/10.1186/s40359-022-00723-w>.

FALICOV, C. J., «The cultural meanings of money: The case of Latinos and Anglo-Americans», *Journal of Family Psychology*, 15(1), 14-22, 2001.

FINGERMAN, K. L. y E. L Hay, «Searching for ties that bind: In-laws in later life», *Journal of Marriage and Family*, 64(2), 431-442, 2002.

FRANKL, Victor, *El hombre en busca del sentido último: el análisis existencial y la conciencia espiritual del ser humano*, traductora: Isabel Custodio, Barcelona, Ediciones Paidós Ibérica, 1999.

FREUD, Sigmund, *Contribuciones a la psicología del amor* (1910-1918), prologuista: Christophe Jouanlanne, traductor: José L. Etcheverry, Buenos Aires, Amorrortu, 2016.

FROMM, Erich, *El arte de amar: una investigación sobre la naturaleza del amor*, traductora: Noemi Rosenblatt, Barcelona, Ediciones Paidós Ibérica, 2014.

FU, L., H. Zheng, Y. Zhou, *et al.*, «Intergenerational Family Boundaries and Adult Children's Marital Satisfaction: The Roles Of Family Cohesion and Adaptability», *J Child Fam Stud,* 33, 1647-1655, 2024, <https://doi.org/10.1007/s10826-023-02672-3>.

GARRIGA, Joan, *Bailando juntos: La cara oculta del amor en la pareja y en la familia*, Barcelona, Ediciones Destino, 2020.

— *El buen amor en la pareja*, Barcelona, Booket, 2022.

GONZÁLEZ, Óscar, *Cómo recuperar tu vida y tu relación (si es lo que quieres) tras una infidelidad: Guía para restablecer el autocontrol y el vínculo emocional con la pareja*, Autopublicado, 2023.

GOTTMAN, John, *Siete reglas de oro para vivir en pareja: un estudio exhaustivo sobre las relaciones y la convivencia*, traductora: Sonia Tapia Sánchez, Barcelona, Debolsillo, 2010.

— *The Science of Trust: Emotional Attunement for Couples*, Nueva York, Norton Professional Books, 2011.

— *et al.*, «Observing Gay, Lesbian and Heterosexual Couples' Relationships», *Journal of Homosexuality*, vol. 45, pp. 65-91, 2008.

GRAY, John, *Los hombres son de Marte, las mujeres de Venus: guía para mejorar la relación con su pareja*, traductor: Ramón Alonso, Barcelona, Grijalbo, 1993.

HELMS, H. M., A. C. Crouter y S. M. McHale, «Marital quality during the transition to parenthood: The role of conflict management», *Journal of Social and Personal Relationships*, 20(1), 2003.

HUGHES, S. M. y M. A Harrison, «Sex differences in kissing: Testing predictions from sexual selection theory», *The Journal of Sexual Medicine*, 14(4), 579-587, 2017.

KERNBERG, Otto, *Love Relations: Normality and Pathology*, New Haven, Yale University Press, 1995.

KLEIN, Melanie, «Notes on Some Schizoid Mechanisms», *International Journal of Psycho-Analysis*, n.º 27, pp. 99-110, 1946.

KLEINPLATZ, P. J., M. Charest, L. A. Rosen *et al.*, «Optimal Couple Sexuality: A Review of the (Limited) Literature», *Curr Sex Health Rep*, 14, 63–69, 2022, <https://doi.org/10.1007/s11930-022-00327-w>.

KLEMP, Nate y Kaley Klemp, *The 80/80 Marriage: A New Model for a Happier, Stronger Relationship*, Nueva York, Penguin Life, 2021.

KWANG, T. y W. B. Swann, «Cultural differences in romantic relationships: Implicit theories of relationships in the United States and Japan», *Journal of Family Psychology*, 24(2), 228-235, 2010.

MALNERO, Nayara, *Cariño, vamos a llevarnos bien: el secreto de las parejas felices*, Madrid, Anaya Multimedia, 2023.

MANSUKHANI, Arun, *Condenados a entendernos: La interdependencia o el arte de mantener relaciones sanas*, Barcelona, Ediciones B, 2023.

MIKUCKI-ENYART, S. L. y S. E. Wilder, «Navigating the in-law relationship: The role of relational uncertainty and interference», *Family Relations*, 65(4), 654-667, 2016.

— «Relational uncertainty and partner interference in post-deployment military couples», *Journal of Social and Personal Relationships*, 33(5), 675-696, 2016.

MILLWOOD, Molly, *To have and to hold: Motherhood, Marriage, and the Modern Dilemma*, Nueva York, HarperCollins, 2019.

NAGOSKI, Emily, *Tal como eres: la sorprendente nueva ciencia que transformará tu vida sexual*, traductora: Blanca González Villegas, Móstoles, Neo Person, 2021.

ORBUCH, T. L., J. Veroff y D. Holmberg, «Transition to parenthood and changes in marriage», *Journal of Marriage and the Family*, 55(1), 56-70, 1993.

PATERNINA-DIE, María *et al.*, «The Paternal Transition Entails Neuroanatomic Adaptations that are Associated with the Father's Brain Response to his Infant Cues», *Cerebral Cortex Communications*, vol. 1, Issue 1, 2020, <https://doi.org/10.1093/texcom/tgaa082>.

PEREL, Esther, *El dilema de la pareja: una nueva mirada acerca del amor y las relaciones*, traductor: César Galicia, Barcelona, Diana Editorial, 2020.

— *Inteligencia erótica: claves para mantener la pasión en la pareja*, Barcelona, Ediciones Martínez Roca, 2007.

BIBLIOGRAFÍA

Price, Deborah L., *The Heart of Money: A Couple's Guide to Creating True Financial Intimacy*, Novato, New World Library, 2012.

Rusu, P. P., M. N. Apostu, M. N. Turliuc *et al.*, «Positive, but not negative emotions, predict intimacy in couple relationships: a daily diary study», *Curr Psychol*, 42, 27758-27770, 2023, <https://doi.org/10.1007/s12144-022-03756-x>.

Schnarch, David, *Intimacy & Desire: Awaken the Passion in Your Relationship*, Nueva York, HarperCollins, 1997.

— *Passionate Marriage: Sex, Love, and Intimacy in Emotionally Committed Relationships*, Nueva York, Norton Professional Books, 2015.

Seltzer, L. J., T. E. Ziegler y S. D. Pollak, «Social vocalizations can release oxytocin in humans», *Proceedings of the Royal Society B: Biological Sciences*, 279(1739), 4065-4074, 2012.

Shackelford, T. K., G. J. LeBlanc, E. Drass, «Emotional Reactions to Infidelity», *Cognition and Emotion*, 14, 643- 659, 2020.

Spring, Janis A., *Después de la infidelidad*, traducción: Producción Editorial, Nashville, HarperCollins Español, 2015.

Whitbourne, Susan Krauss, «The Secret Reason Why Sex Is Such an Important Part of Relationships», *Psychology today*, 2017, <https://www.psychologytoday.com/intl/blog/fulfillment-any-age/201707/the-secret-reason-why-sex-is-such-important-part-relationships>.

Este libro se terminó de imprimir
en el mes de enero de 2025.